GUIDANCE FOR INTEGRATED PLANNING AND DESIGN OF RAIL TRANSIT CONNECTION

轨道交通接驳一体化规划设计指南

刘剑锋　周延虎　著

人民交通出版社股份有限公司

北　京

内 容 提 要

本书系统阐述了轨道交通接驳一体化规划设计的基本内涵，提出了规划设计的目标和指引，介绍了轨道交通接驳一体化总体设计的工作流程和技术路线；在此基础上，给出了不同类型车站的设计原则和典型案例，并介绍了轨道交通接驳一体化规划设计中数字化手段的应用和体制机制保障。

本书可为轨道交通接驳一体化规划设计相关领域从业人员提供参考。

图书在版编目（CIP）数据

轨道交通接驳一体化规划设计指南 / 刘剑锋，周延虎著．— 北京：人民交通出版社股份有限公司，2023.11

ISBN 978-7-114-18889-3

Ⅰ．①轨… Ⅱ．①刘… ②周… Ⅲ．①城市铁路—轨道交通—资源配置—指南 Ⅳ．① U239.5-62

中国国家版本馆 CIP 数据核字 (2023) 第 135039 号

Guidao Jiaotong Jiebo Yitihua Guihua Sheji Zhinan

书　　名：**轨道交通接驳一体化规划设计指南**
著 作 者：刘剑锋　周延虎
责任编辑：董　倩
责任校对：赵媛媛
责任印制：张　凯
出版发行：人民交通出版社股份有限公司
地　　址：（100011）北京市朝阳区安定门外外馆斜街3号
网　　址：http://www.ccpcl.com.cn
销售电话：（010）59757973
总 经 销：人民交通出版社股份有限公司发行部
经　　销：各地新华书店
印　　刷：北京盛通印刷股份有限公司
开　　本：880 × 1230　1/16
印　　张：12
字　　数：340千
版　　次：2023年 11 月　第 1 版
印　　次：2023年 11 月　第 1 次印刷
书　　号：ISBN 978-7-114-18889-3
定　　价：198.00元
（有印刷、装订质量问题的图书，由本公司负责调换）

前言

FOREWORD

轨道交通导向的城市发展模式（TOD，Transit - Oriented Development，以公共交通为导向的开发）是中国城市高质量发展的重要抓手，是城市可持续发展的重要战略。交通接驳服务是TOD发展模式重要的支撑体系之一。良好的交通接驳将有效延展轨道交通的辐射范围，在提高轨道交通客流量的同时，活化所服务片区的城市功能，提升片区活力。

轨道交通经过近10年的快速发展，交通接驳服务的重要性已得到全社会的公认。然而，交通接驳规划设计在理论方法、规范标准、体制机制等方面缺失全局性和精细化的指引，致使在实施过程中出现规模偏离需求、标准自相矛盾、设施建设滞后等各类问题，严重影响了交通接驳服务品质，制约了轨道交通高质量发展。以接驳方式的预测为例，行业内经常将车站影响范围内开发项目的交通出行方式与轨道车站的接驳方式混淆，对车站周边500m范围内提出20%的小汽车分担比例等诸如此类违背常识的预测结论。此外，行业内普遍存在对交通接驳工作复杂性认识不足、从交通专业视角而非一体化视角规划交通接驳等思维惯性，也影响了交通接驳工作的质量。

针对上述行业痛点，本书提出首先应实现观念变革，即交通接驳不仅是提供交通服务，更是融合城市功能、优化城市景观、推动城市更新和环境整治的有效触媒，是集约节约资源、实现资源共享的有效手段。其次应建立系统化、精细化的理论方法体系。作者秉承一体化融合设计的原则，对交通接驳规划设计提出了定功能、定规模、定布局的整体方法论，详细阐述了分级分类指导下的功能配置方法、以圈层法为核心的规模预测方法、基于标准规范和实践经验的布局理论。书中详细剖析了轨道交通一体化接驳设计的经典案例，对交通枢纽类、功能混合类、居住类、商业类、商务办公类、特色类及车辆段开发类等各类车站提出交通接驳设计原则。希望从业者通过大量的案例学习，领悟一体化设施布局的精髓。最后在实施层面，结合北京、深圳等城市的实践经验，提出了多元主体协同机制，并对责任分工提出了建议。

通过多年的实践，我们深刻地认识到精准的客群画像是成功的交通接驳规划设计的基石。本书结合北京城建交通设计研究院有限公司自主研发的城市仿真平台，阐述了大数据在社会经济数据、用地数据、客流数据、乘客出行调查、接驳方式分析等业务领域的应用实践。本书对轨道交通接驳规划设计的理论方法、实践应用、实施保障等方面均进行了详细论述，不仅适用于从事TOD规划设计的专业人员，也可以作为高等院校城市规划与交通规划专业的教学参考用书，同时对轨道交通建设和运营管理人员的日常工作也有重要的指导意义。

本书在编制过程中，得到了北京城建设计发展集团股份有限公司和北京城建交通设计研究院有限公司的大力支持，北京城建设计发展集团股份有限公司彭彦彬、袁尊、齐亮、李鹏、卢齐南、李超、徐江、王宇彤、董召英等人提供了宝贵的素材和建议，还有其他同事也参与了相关研究，在此一并表示感谢。

由于作者水平有限，加之时间仓促，书中难免有不妥之处，敬请有关专家、学者和相关从业人员批评指正，以便完善。

作　者

2023年5月

目录

CONTENTS

01

第 1 章

绪论

INTRODUCTION

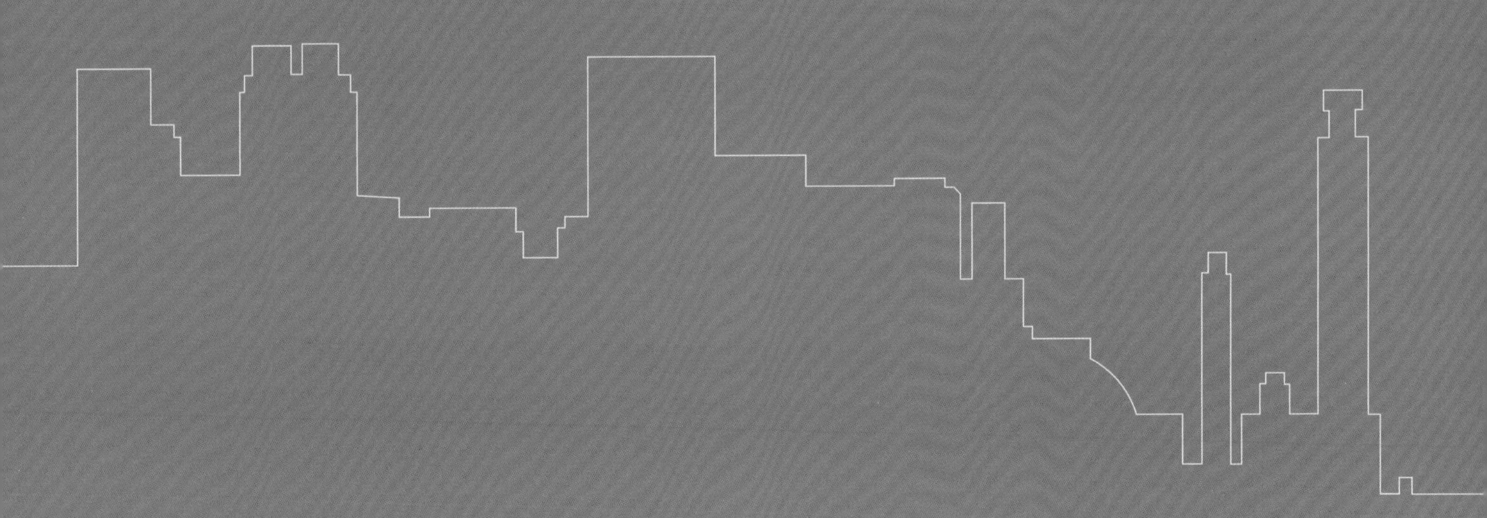

轨道交通车站以及站前广场和接驳设施，是轨道交通系统与城市公共空间的功能集中交互区域和重要的形象展示区域。为实现轨道交通车站与城市公共空间的互动融合，国内许多城市进行了一系列的探索和实践。

The rail transit station, the station square and the transport connection facilities are the functional interaction area as well as important image display area between the rail transit system and the urban public space. In order to realize the interactive integration of urban rail transit stations and urban public space, many cities in China have carried out a series of exploration and practice.

1.1 背景介绍
Background Introduction

随着我国社会、经济实力的不断提高，城市人口的不断增多，建设城市轨道交通系统已经成为城市发展的重要支撑。城市轨道交通以强大的运输能力和快捷、高效、准时的特点，有效改善了城市发展过程中的诸多交通问题。随着城市轨道交通线路网的完善，城市中的大量居民有向城市轨道交通沿线转移的趋势。“建轨道就是建城市”，轨道交通作为城市系统的重大基础设施，对城市社会经济发展影响深远。城市轨道交通的规划不仅体现在解决城市交通问题方面，更是在城市空间结构引导、支撑土地利用和推动产业发展等方面发挥着作用。在中国，城市轨道交通引导城市发展的理念，一如擘画大都市“生长脉络”的重要一笔，成为中国未来城市的发展启迪。

与此同时，提升城市品质，建设与管理高品质的“美丽城市”是当前中国城市建设的重要目标。根据联合国人类住区规划署建议的标准，一个宜居的、运转良好的城市应有约50%的城市建成空间是公共空间。作为提升城市品质的重要关键词，提升城市公共空间品质，直接关系到城市规划建设和管理水平，并影响着居民的生活质量。城市轨道交通车站以及站前广场和接驳设施，是城市轨道交通系统与城市公共空间的功能集中交互区域和重要的形象展示区域。当前，在城市建设转入存量发展的背景下，城市建设者们以城市轨道交通周边小微尺度的公共空间营造为基础，开展了许多渐进式、小规模介入的城市微更新实践。

在越来越多的城市以城市轨道交通车站的站前广场、接驳设施及周边的其他公共空间为载体，不断探索城市公共空间品质提升的背景下，组织编制轨道交通接驳一体化规划设计指南，目的在于探索工作新框架、新思路、新理念，为我国城市轨道交通车站与城市公共空间的互动融合提供可资借鉴的样本。

1.2　基本概念
Basic Concept

1.2.1　轨道交通接驳
Rail Transit Connection

轨道交通接驳，是指从轨道交通建设角度出发，为实现空中、地面、地下无缝接驳，提供满足各种交通方式需求的接驳设施，使以轨道交通为骨干的多类型公共交通与慢行系统相结合，实现区域内外交通的快速疏解，从而应对进出车站的大量人流。轨道交通需要通过与其他交通方式合理地接驳来整合交通资源，促进各种交通方式的合理分工，从而充分发挥自身服务水平，提高综合效益，充分挖掘城市交通运输潜能，提高自身和其他交通方式的舒适度和可达性，提高出行效率。

交通接驳设计则是在轨道交通工程的规划、可行性研究和设计阶段开展的一项专业工作，通过优化整合轨道交通沿线交通资源配置，实现与步行、非机动车、常规公共交通、出租汽车等其他交通方式的接驳配合，形成优势互补、接驳顺畅的一体化交通模式，从而达到综合客运交通体系运行最优化。

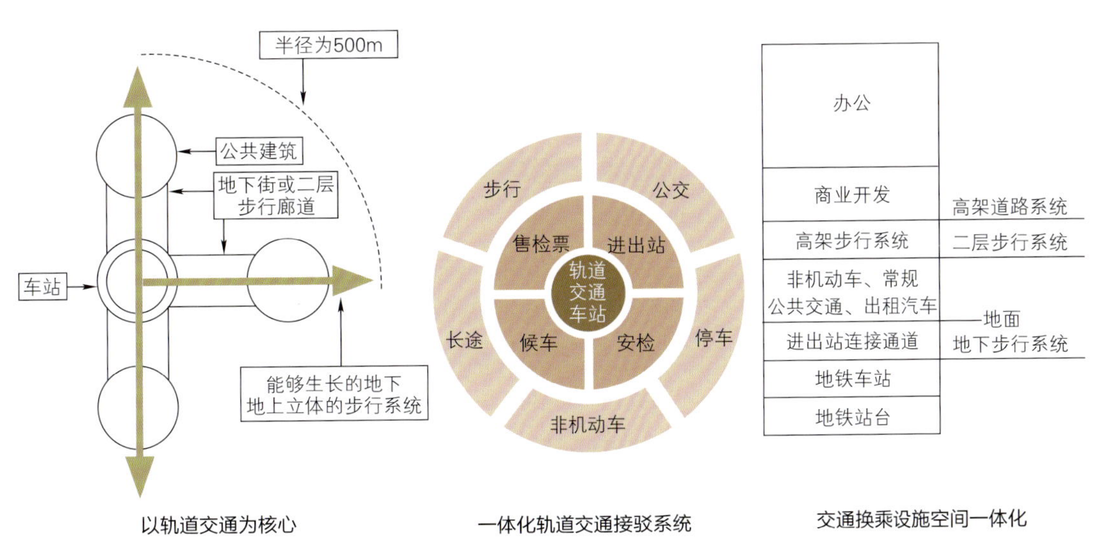

轨道交通接驳的目的和意义

1.2.1.1 轨道交通接驳的范畴
The scope of rail transit connections

轨道交通接驳的研究范围通常为车站影响范围内的六大功能区域，包括轨道交通车站与公交场站共同形成的交通枢纽、商务办公密集区域、公共服务和活动中心、商业餐饮活力区域、大型居住社区和外围停车换乘目的地。研究过程中，通常需要充分考虑步行、常规公共交通、非机动车、出租汽车和小汽车五种交通接驳方式的便利性并为其配置必需的接驳设施。

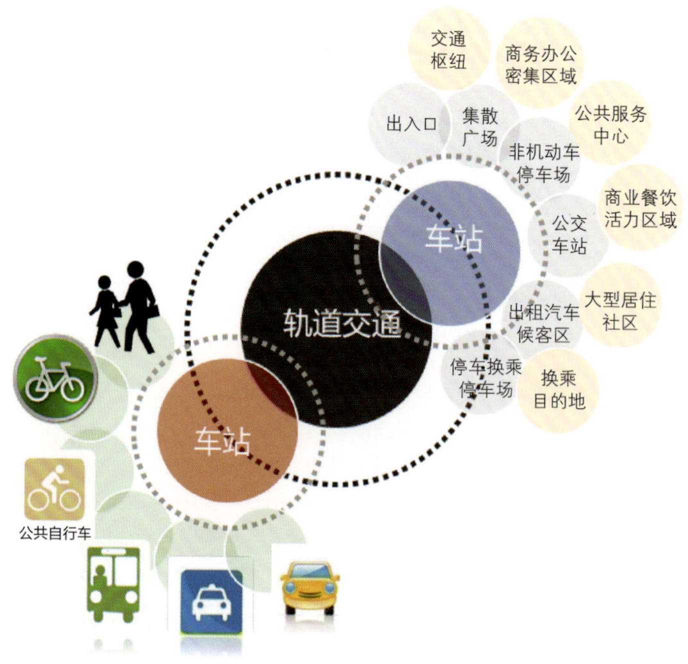

轨道交通接驳系统构成示意图

1.2.1.2 轨道交通接驳系统的优化策略和原则
Optimization strategy and principle of rail transit connection system

轨道交通接驳系统的优化策略和原则通常是依据各种交通方式的不同特点而分别制定的。具体可分为行人接驳设施、公交接驳设施、非机动车接驳设施、出租汽车接驳设施、小汽车接驳设施五种。

■ 步行

步行交通是轨道交通接驳最基本的出行方式，合理设置步行道、集散广场和无障碍设施以疏导进出站客流，增加和完善人行过街设施，是优化轨道交通车站周边步行交通系统的首要任务。打造高架、地面、地下多层次立体步行网络，提高步行交通的便利性，优化步行交通接驳体验，是实现慢行友好、促进绿色交通发展的有效手段，也是近年来轨道交通接驳规划和建设的重点方向。

■ 常规公共交通

城市应提供与其经济社会发展相适应的多样化、高品质、有竞争力的城市公共交通服务，各种方式的城市公共交通应一体化发展。修建轨道交通的城市，应根据轨道交通网络的建设与开通，及时对公共汽电车系统进行相应调整。调整的原则是强化常规公共交通对轨道交通的客流喂给和疏散功能，调整的内容主要是增设停靠站、调整线路走向等。

■ **非机动车**

在大中型城市，非机动车适宜的出行距离为1～4km。在我国地形平缓的大型城市中，利用非机动车接驳轨道交通出行的方式十分普遍。近年来随着共享单车的出现，利用共享单车接驳轨道交通出行的方式更为常见。在旧城区、中心城区，应结合轨道交通车站周边用地情况，合理设置非机动车停车区域，尽量满足需求供给；在外围新建区，应设置规模充足、停放条件较好的非机动车停车场，以扩大轨道交通的服务范围和层次。

■ **出租汽车**

出租汽车作为客运系统的必要补充，能够为乘客提供交通出行方面的便利。近年来，随着居民收入水平的提高，在我国大型城市利用出租汽车、网络预约出租汽车（以下简称“网约车”）接驳轨道交通出行的方式也越来越普遍。在车站50m范围内，不阻挡人流、确保安全的原则下，可以适当设置出租汽车和网约车停靠位，以满足接驳需求。

■ **小汽车**

虽然小汽车是客运系统的必要补充，但在城市中心城区轨道交通车站附近，为避免中心城区干道交通压力，通常不设置“停车换乘”停车场。在外围新城则可以考虑设置具有截流功能的“停车换乘”停车场，以屏蔽部分外围小汽车进入中心城区。

1.2.2　轨道交通接驳与车站空间品质

Rail Transit Connections and Spatial Quality Improvement of Station

1.2.2.1　空间品质的含义

The meaning of spatial quality

空间品质是外在空间景观质量和内在人文精神品位的综合反映，具体体现为城市空间各组成要素在“量”和“质”两个方面，对城市人群和城市社会经济发展的适宜程度。高品质的城市空间不仅为社会生活和各种活动的开展提供了必要的场所，而且会对丰富和提高市民生活质量起到积极的作用。城市空间品质的内涵包括优美的城市自然环境、可感知的城市历史环境、多样性的城市公共场所和理性的城市开发建设等四个方面。

■ 优美的城市自然环境

如果城市设计可描述成一种作用于城市生活质量的艺术和科学，那么，为了使人类生活场所更加丰富多彩和文明健康，就必须重新检讨目前城市形态构成的基础，用生态学的视角去重新发掘我们日常生活场所的内在品质和特性。由此可见，高品质的城市空间设计必须是以自然环境为基础的。自然环境是城市的一部分，自然环境越优美，城市的空间品质越卓越。

■ 可感知的城市历史环境

“千篇一律”和“千城一面”的城市发展问题，使得城市失去了个性和辨识度，城市文化无法被感知和传承，城市空间缺乏内涵，市民的归属感逐渐丧失。城市空间要结合已有的历史文化遗迹，注重对历史文化遗迹的保护和利用，如南京老城墙、北京前门大街、雅典卫城和罗马旧墟等，历久弥新，创造了独具特色的城市文化空间，让本地市民对城市产生强烈的归属感和荣耀感。

■ 多样性的城市公共场所

城市空间实际上是人为的公共开放空间，它为人们提供公共活动的场所，影响着人们对城市空间品质的感知。凯文·林奇在其关于城市设计理论的著作《一种好的城市形态理论》中提出，城市设计的关键在于如何从城市空间安排上保证城市各种活动的交织，进而从城市空间结构上实现人类不同价值观的共存。目前，许多城市设计把城市视为一个整体，注重大尺度的空间设计和城市地标的设计，却缺乏对许多小尺度的城市公共生活的具体细节和人际交往的街道场所的考虑。因而，城市设计应以人为中心，服务于不同年龄、不同职业的人。

■ 理性的城市开发建设

全国多地如雨后春笋般矗立的“CBD大楼”、金融中心、商业区和经济开发区，造成了城市空间的无序蔓延和泛滥。老城区商业用地无节制地高强度开发，城市公共绿地的不断被侵占和地块无序扩张，挤压和侵占了市民共有的城市公共空间，使得公共基础设施建设无法满足需求，老城区的生活品质下降，城市空间形态畸形；城市新区的经济开发区、行政办公区的用地低效，彻底打破了传统集约型城市空间形态；城市土地的快速扩张和盲目建设使得人均建设面积过大，城市空间风貌遭到巨大破坏。良好的城市空间品质塑造，应是基于对城市自然环境的评价和城市空间承载容量的科学计算，结合市民需求客观评价与妥善平衡的。

1.2.2.2　空间品质治理提升理念
Concept of space quality management and improvement

近年来，在城市建设转入存量发展的背景下，需要从治理和提升的角度出发，探讨城市治理与公共空间品质提升相关议题，从而实现空间品质的实质性提升，创造更广泛的社会、生态与经济效益。渐进式、小规模介入的城市微更新模式更为适合当前发展的需要。

在城市空间品质治理提升理念方面，空间治理模式的“三个回归”是较为创新的思路。

■ 回归以人为本

对于公共空间治理的认知从注重物理空间转向关注社会空间，实现人民美好生活的空间需求和向往。

■ 回归可持续发展

将公共空间视作创新驱动与构建生态文明的核心要素，为城市发展的国际共识和趋势提出地方对策。

■ 回归公共空间本体

基于对公共空间现状问题及其制约因素的深度剖析，通过政策和技术引导重建其公共性与多样性。

基于此，公共空间治理的四大理念也应随之转变，分别从“重视物质空间环境改善”向“全面关注人的真实需求和生活方式”转变、从“工程四线管控”向“整体化空间管控”转变、从“城市建设的附属性提质要素”向“城市发展的核心性驱动要素”转变、从“提供生活服务的配套设施”向“构建生态文明的重要载体”转变。

综上，空间品质治理应采用 “公共性、多样性、协同性”的治理原则，将城市公共空间塑造成为“体现社会公平的开放之处、承载勃勃生机的魅力之所、包容多元价值的创新之地、实现人人营城的和谐之境”。

1.2.2.3　空间品质提升的分类要点
Classification key points of spatial quality improvement

城市的公共空间作为城市空间最主要的表现形式，与城市开放空间的概念常常被相互转换使用。开放空间是指城市公共外部空间，包括自然风景、广场、道路、公共绿地和休憩空间等，也包含自然开放的被动性空间和人工开放性的主动塑造空间，如城市山水景观形成的本底空间是自然开放空间，道路、广场、公共绿地等积极、主动空间是人工开放空间。城市公共空间往往指可达性良好、尺度宜人，以步行为主的场地、相关设施及相邻建（构）筑物。

城市公共空间改造提升，则是对城市公共空间实施补充公共设施、提升景观绿化、优化市政交通、丰富文化内涵等改造提升，打造功能完善、环境优美、便捷舒适的公共空间标杆性、示范性工程。由于城市公共空间往往是居民、游客驻留时间较长的区域，因此，通过对城市公共空间改造提升，往往能迅速有效地提升人们对城市空间品质的认知和感受，从而进一步实现空间品质的实质性提升，创造更广泛的社会、生态与经济效益。

城市公共空间可以分为街道空间和节点空间。街道空间是城市公共空间重要的线性要素，可分为综合型、居住型、景观型、交通型和绿色交通优先型。节点空间则可分为滨水空间、绿地空间、广场空间和公共服务空间。

1.2.2.4 轨道交通接驳对于提升车站空间品质的意义
The significance of rail transit connection for improving station spatial quality

轨道交通接驳设施，特别是集散广场和各类接驳场站，是城市公共空间的广场空间和绿地空间的重要组成部分，对于街道空间的整体品质也有一定的影响。因此，提升轨道交通接驳设施的服务，不仅对轨道交通体系有明显的影响，对城市公共空间品质的提升也将有较为突出的影响和积极的作用。

■ 轨道交通接驳设施是城市公共空间的缩影

轨道交通接驳设施由硬化场地、绿化、标志标示、城市家具、照明设施和监控设施等组成，具有组成元素丰富、使用人数众多的特点。轨道交通接驳设施由于具有公共属性，也是可驻留的场所，因此是城市公共空间的重要组成部分，其品质高低也是城市公共空间品质的集中缩影。

■ 轨道交通接驳服务易成为城市品质的短板

轨道交通的集散广场在安全集散、交通组织、景观形象、市容秩序等方面，均容易暴露出很多短板。

首先，轨道交通网络是分阶段建设的，由于各线路建设时期和建设标准不同，随着轨道交通网络客流的大幅攀升，许多旧线暴露出一定的问题。以北京为例，迫于运力运量和既有设施的供需矛盾，约五分之一的车站实施高峰限流。由于早高峰进站乘客规模大，站外候检客流规模也明显增加，凸显出站前广场规模不足、候检区域秩序有待进一步理顺、站外设施环境有待提升、交通接驳设施有待改善、道路交通运行状况有待优化等问题。

其次，国内城市交通出行特征不断变化，共享单车等新型交通形式涌现，给既有的轨道交通接驳体系造成严峻考验。骑共享单车到轨道交通车站已成为市民通勤的日常选择，轨道交通车站非机动车接驳比例往往超过10%。但大量的共享单车无处停放，造成站前广场以及车站周边城市道路被共享单车挤占，形成了新的城市交通问题，也对城市风貌和秩序造成了较大影响。

此外，由于建设主体不一、管理机构多元，集散广场和接驳设施往往建设标准较低、管理维护低效，许多既有设施年久失修、面貌落后，成为“脏、乱、差”的问题集中区域。但作为乘客进出轨道交通车站的必经之路、轨道交通的门户区域，以及城市公共空间的重要组成部分，站前广场和接驳设施对景观形象、市容市貌有一定的影响，应予以充分重视。

■ 轨道交通接驳服务提升成为城市品质提升的重要突破口

许多城市和地区将轨道交通接驳服务提升作为城市品质提升的重要突破口。在《北京城市总体规划（2016年—2035年）》中，轨道交通被赋予更高的发展目标，并明确提出“充分发挥轨道交通、交通枢纽的综合效益。加强轨道交通车站与周边用地一体化规划及场站用地综合利用。提高客运枢纽综合开发利用水平，引导交通设施与各项城市功能有机融合”。以此为指引，北京市对现状40座车站及周边500m范围内情况进行逐站梳理，查找问题和短板，从管理政策、协调机制、规划计划、建设实施等方面提出针对性意见和解决措施，积极探索轨道交通接驳设施通过技术改造实现城市更新和品质提升的路径。

2020年北京市又提出建设轨道微中心的概念。轨道微中心是具备场所感和识别性的城市地域空间，与轨道交通车站充分融合、互动、可达性高，土地集约化利用程度高，具有多元城市功能；在微中心的范畴内，轨道交通接驳设施也是规划、建设和改造的重点考虑问题。

由上述分析可见，鉴于交通接驳设施服务提升对于轨道交通体系、城市公共空间品质提升的突出影响和积极作用，城市管理者将其作为城市品质提升的重要突破口。

1.3　历史沿革
Historical Evolution

近年来，我国各大城市的轨道交通已进入新的发展时期，轨道交通接驳体系建设也向着更加注重与城市功能融合的精细化方向不断发展。

1.3.1　北京轨道交通接驳的发展历程
Development History of Beijing Rail Transit Connection

北京不仅是国内最早开通轨道交通的城市，也是开展轨道交通接驳工作比较早的城市，轨道交通接驳发展主要经历了空白期、萌芽期、蓬勃发展期和相对成熟期四个阶段。

1.3.1.1　空白期
Blank period

在北京轨道交通建设发展的初期，1号线、2号线（环线）和复八线均未考虑交通接驳问题，原因是在当时轨道交通并不是市民通勤的主要交通方式，设计者也不需要考虑交通接驳的问题。轨道交通接驳以自发需求为主，往往通过后期建设弥补不足。

北京轨道交通 2 号线交通接驳缺乏系统规划

1.3.1.2 萌芽期
Budding period

2004年初至2009年10月，北京轨道交通建设发展进入集中建设时期，轨道交通5号线、10号线、机场线和4号线均以2008年北京奥运会为契机快速同步建设。与此同时，轨道交通的建设单位也开始重点关注轨道交通的无障碍设计和接驳问题，提出了优化营造站前环境和配置交通接驳设施等要求，各个车站的集散广场和接驳设施均同步投入使用，取得了较为良好的建设效果。

北京轨道交通 10 号线的交通接驳设施

1.3.1.3　蓬勃发展期
Vigorous development period

2009—2016年，随着5条外围轨道交通线路（房山线、大兴线、亦庄线、顺义线和昌平线）的开通，北京轨道交通逐步理顺了交通接驳规划、设计、审批与建设实施机制，将接驳作为轨道交通建设项目的重要专题。利用建设轨道交通16号线的契机，在前期规划阶段就同步开展交通接驳规划并做好用地预留，进行了交通接驳一体化研究和探索。这一时期也开展了许多既有接驳设施的改造提升工作。轨道交通接驳从规划理念、技术方法，到管理分工、工作程序都得到进一步完善，对城市交通综合运输体系的发展作出了贡献。

北京轨道交通 16 号线的交通接驳一体化探索

北京轨道交通亦庄线的“P+R”停车场

1.3.1.4 相对成熟期
Relatively maturation period

2017年至今，北京轨道交通建设发展进入高质量发展时期。轨道交通接驳设施是轨道交通与其他交通方式转换的纽带。在此阶段，北京市更加重视、强调设计理念的创新，强调接驳设计需要符合《北京城市总体规划(2016年—2035年)》对于北京市综合交通发展的要求。2019年开通的北京大兴机场线一期工程、八通线南延、7号线东延等线路，在交通接驳的设计过程中都非常重视对于安全、绿色、智慧和人文等要素的落实，重视接驳方案与一体化设计的融合。

北京大兴机场线一期工程草桥站的交通接驳设施

北京轨道交通 7 号线环球度假区站的慢行设施

1.3.2 国内其他城市轨道交通接驳的发展情况
The Development of Other Domestic Rail Transit Connections

当前全国各个城市在轨道交通的建设过程中，均十分重视交通接驳这一问题，北京、深圳、成都、重庆、南京等多个城市相继发布了地方指南或标准，从技术层面进行规范；在编制体系和审批流程方面，逐步形成了分阶段、渐进式，并与轨道交通规划建设程序同步的行业共识。此外，轨道交通接驳的规划设计理念也出现了新时期的特征，从以往过于强调交通功能的系统性向更加注重与城市功能融合的综合性理念发展。为确保轨道交通能够取得较好的客流效益，呼和浩特市和海口市等城市在轨道线路开通之前，均设置了交通接驳一体化的专题项目，完善车站周边路网、同步建设交通接驳设施、调整公交线路，取得了较好的实施效果。

呼和浩特市轨道交通 1 号线接驳设施

1.4　问题转变
Transformation of Problems

1.4.1　轨道交通与地面公交融合发展
Integrated Development of Rail Transit and Bus

在开通运营轨道交通的城市，地面公交客流出现下降是普遍现象。对于同一出行廊道，轨道交通和地面公交存在既竞争又合作的关系，两者的服务标准和特点不同，服务客群也存在差异，但是实现“接力服务”、创造“双赢”局面是城市公共交通系统共同追求的目标。

发展轨道交通，应深入调查客流构成、乘距构成、接驳换乘等特征，逐线开展研究，不能简单化处理，盲目调整或撤并沿线公交线路；应进行专题研究，优化地面公交线路布局及运营组织，做好公交车站与轨道交通车站的接驳，谋求轨道交通与地面公交融合发展。

1.4.2　接驳共享单车的规范管理
Standardized Management of Connecting Sharing Bicycles

共享单车自出现后，迅速成为轨道交通接驳的重要交通方式。共享单车自由灵活、经济便捷，极大方便了周边居民接驳轨道交通。2017年，上海市50.2%的共享单车用户采取的是“共享单车+公共交通”的出行方式；2017年1—5月，北京市“共享单车+公共交通”比例在工作日占45%，在双休日占43%。

与此同时，共享单车的盲目大量投放、管理缺位，导致了轨道交通站前广场的乱象。共享单车无序停放，不仅肆意挤占了城市公共资源，也加剧了车站周边交通秩序治理难度。

因此，各个城市在发展轨道交通的同时，迫切需要规范加强城市管理。重视接驳需求、规划布局、详细设计、管理举措等多个层面的系统研究，变乱为治。

北京回龙观站的非机动车停车设施

成都牛市口站的立体共享单车接驳设施

1.4.3 既有交通接驳设施的维护和改造

Maintenance and Reconstruction of Existing Facilities for Transportation Connection

北京、上海等先期建设轨道交通的城市，已经逐步开始进行线路运能扩充、车站设施改造。交通接驳设施通常是按照市政道路公用设施标准设计，设计年限一般为15年，应适时开展优化改造提升工作。

当前，北京已经在城市中心区，特别是老旧城区，着手轨道交通车站与地区城市更新同步建设，交通接驳逐渐被用作城市更新规划的执行工具，为改善街区风貌、提升城市活力发挥了积极作用。

未来，国内其他城市也将进入交通接驳设施的“增量建设”和“存量优化”并行发展期，并将持续一段较长的时期；随着城市管理水平的不断提升，市民和乘客要求的不断变化，接驳设施的规模、功能和面貌也应不断更新和优化；应引入动态调整机制，注重交通接驳设施的管理维护，同时适时开展交通接驳既有设施改造工作。

1.4.4 轨道交通一体化发展

Integrated Development of Rail Transit

当前，以轨道交通为核心的TOD发展模式备受重视，“建轨道交通即建城市”的发展理念被越来越多的城市采纳。高效率的交通接驳能有效提升轨道交通车站的辐射范围和换乘服务，带动周边的城市功能和土地价值提升，是TOD模式成功的关键。

交通接驳也开始从“交通一体化”向谋求“城市空间一体化”方向发展。交通接驳设施不再像以往的项目那样，独立占用较大规模的城市建设用地，而是结合车站站前广场和周边区域的景观方案一并设置，在确保换乘方便的同时取得较好的景观效果。

未来，在高质量发展轨道交通的新要求指引下，建设轨道交通车站的同时，必须统筹考虑车站、站前广场和周边区域在用地、功能、交通、景观和市政等五个方面的全面一体化提升，提升轨道交通吸引力，引导沿线居民公交出行。

1.4.5　多元主体协同机制
Multi Subject Coordination Mechanism

当前许多城市的交通接驳设计工作是在轨道交通建设工作的框架下开展的，但实际涉及的相关内容是城市道路、公交、停车管理、市政市容等多方面的。而目前许多站前广场和接驳设施存在的问题，其根本原因都和轨道交通车站前广场土地及设施权属不明有关。应统筹理顺交通接驳的设计建设机制，多元主体协同、同一主体统一管控，进一步提升轨道交通与周边环境秩序的高度融合。

1.5　技术特征
Technical Feature

轨道交通接驳体系构成要素较为综合，设施使用乘客众多，构成全出行链涉及的交通方式较多，相关建设和管理单位繁多，因此，轨道交通接驳的相关技术发展呈现出综合性、动态性和不稳定性的特点。

1.5.1　综合性
Integrity

轨道交通接驳设计作为轨道交通设计项目的组成部分之一，由轨道交通投资建设方主导，具体到步行系统中站前广场等局部区域的设计，又涉及交通、道路、景观、照明、智能监控等多个专业，需相互配合才能完成项目的全部设计工作。因此，可以说轨道交通接驳设计是综合性的项目。

1.5.2 动态性
Dynamic

轨道交通接驳系统是连接轨道交通与其他城市综合交通系统的纽带，受到轨道交通和其他综合交通方式的多重影响。一方面，轨道交通的客流量是不断变化的，线网形态也是不断变化的，因此，乘客对于交通接驳设施的需求是动态变化且不断提高的。另一方面，城市综合交通系统也在不断发展变化，近年来共享单车和网约车的兴起，都对轨道交通接驳系统产生了较大的影响；同时城市管理水平是不断提升的，市民和乘客的要求也是不断变化的，这就要求接驳设施的面貌要不断地更新和优化。因此，可以说轨道交通接驳需求是动态性的。

1.5.3 不稳定性
Instability

轨道交通系统的规划设计周期较长，建设周期则更长，在3~5年的过程中，轨道交通接驳设施在规划和设计的不同阶段往往差异性较大。接驳设施的配置方案受到车站站位、出入口位置、车站周边用地拆迁、征地条件的影响，同时受到属地政府主管单位、交管部门、行业主管单位、建设单位和周边物业单位多家相关单位的意见影响，往往不断变化且规模明显缩减，许多需要占用土地资源的接驳设施经常难以落实。

1.6 设计要素
Design Elements

1.6.1 步行接驳设施
Pedestrian Facilities

步行系统及其设施主要包括人行步道系统、集散广场和过街设施。

1.6.1.1 人行步道系统
Pedestrian system

人行步道系统主要用来集散轨道交通乘客，一般考虑以不穿越城市主干道为原则，减少与其他交通方式交织，保证行人安全、交通通畅，道路两侧还应考虑景观需求。

1.6.1.2　集散广场
Station square

集散广场主要供进出轨道交通车站的乘客进行短暂的休憩、聚集和分散。原则上每个出入口都需要设置集散广场，并根据客流的规模确定其规模。根据北京市的通常做法，每个出入口外台阶下外延8m的范围属于集散广场的范围。

1.6.1.3　过街设施
Pedestrian crossing facilities

过街设施主要包括行人过街天桥、过街地道、在道路上划定的行人过街步道，应根据道路交叉口或者行人过街的需要设置行人过街设施及残疾人无障碍通道。

步行系统及其设施

1.6.2　公交接驳设施
Bus Facilities

公交接驳设施包括公交停靠站和公交首、末端站。根据前述分析，城市中心区的用地比较紧张，一般在轨道交通附近按照客流方向布置公交停靠站，在外围区和部分交通枢纽点根据用地状况和客流需求布置公交首、末端站。

1.6.2.1　公交停靠站
Bus stop

公交停靠站一般布置在道路交叉口附近，为避免影响交叉口交通流的正常运行，一般与交叉口距离50m以上。按照客流方向，公交车站的位置在符合规范的情况下，应靠近轨道交通车站出入口布置，最远步行距离不超过50m，以减少换乘距离。

在公交换乘客流较大的轨道交通车站，应尽可能提供公交车优先的专用道、设置港湾式停靠站，保障公交接驳线路的稳定性，提高公交的停靠能力，减小对道路交通的影响。轨道交通出入口布置应有利于各方向的乘客换乘，尽可能减少其横穿街道的次数，并在出入口显著位置设置通往不同公交车站的指示标志。

公交停靠站的车位数，应与接驳公交的线路条数、车辆配备、乘客上下所需时间、车辆停靠所需空间等相协调，并为将来线路发展留有余地。

1.6.2.2 公交首、末端站
Bus terminal

公交首、末端站的选址会受到公交线网布局、周边道路网建设，以及交通政策、经济和城市建设目标等因素的影响。规划一个新的站、场时应着眼于融入既有公交网和道路网以及周围的用地形态。

公交接驳设施

在轨道交通车站附近的公交首末端站进出车辆一般和其他道路交通流之间存在交织关系，应根据站场的规模考虑设置一个或者两个进出口，根据进出口的开口道路交通流线组织交通。在公交站内部应为待发车辆设置足够的停车位和待发车位，以及宽度合适的车道。公交场站出入口至轨道交通车站出入口距离宜小于或等于150m。

设计时还要注重乘客如何到达公共汽车站场的问题。乘客的进入方式尽量避免强制性的措施，因此，原则上应尽量少使用过街天桥或过街地道。

1.6.3 非机动车停车场
Non-motor Vehicle Parking

非机动车停车场的规模应根据轨道交通车站的客运量、周边用地性质、附近公共交通发达程度等因素综合考虑，根据需求和车站周边用地供给状况确定。

非机动车停车场的规划设置应避免对周围道路及交叉口造成干扰，易于非机动车交通的集散，同时协调非机动车交通与其他交通方式在道路设施和运行组织上的接驳关系。

非机动车接驳设施

非机动车停车场根据出入口周边用地条件和客流分布特点应尽可能采取分散布置方式，以利于各方向的换乘客流。由于非机动车的体积较小、停车方便，可以采取灵活的停车形式：

（1）地面停车：主要利用地面。

（2）绿地停车：考虑在城市中心繁华地段，开辟停车场很困难，利用道路绿化带、较宽步行道的行道树间空地分散设置一些非机动车停车场地。

（3）非机动车立体停车库：在占地面积不变的情况下向地下和地上发展多层存放。

（4）增加周边公共建筑的非机动车停车场配建指标，在土地使用受限条件下，通过此方式弥补非机动车停车设施的不足。

1.6.4 出租汽车停靠站

Taxi Stand

出租汽车停靠站主要在区域交通枢纽或用地条件较宽松的车站考虑，可以根据轨道交通与出租汽车换乘量的规模，结合用地合理设置。城市中心区用地紧张，一般不设置专用出租汽车调度站，可以考虑利用非机动车道的一侧作为出租车通道，仅供换乘乘客即时上下车。出租汽车停靠站按几何形状分为港湾式出租汽车停靠站和直线式出租汽车停靠站。在道路交通条件允许的情况下，

出租汽车接驳设施

宜设置为港湾式出租汽车停靠站。港湾式出租汽车停靠站的停车位宽度宜为3m，条件受限时，不应小于2.5m。

出租汽车停靠站距轨道交通车站出入口宜小于或等于50m。出租汽车停靠站宜与公交车停靠站分开设置。

1.6.5　机动车停车场
Motor Vehicle Parking

机动车停车场的位置和规模需要结合轨道交通车站的区域位置、对外交通接口位置、轨道交通接驳客流需求规模、周边用地条件以及周围已有停车场地等因素综合考虑。同时，制定合理停车收费标准，加强停车管理，保证停车安全。

一般仅在交通枢纽处合理设置机动车停车场，在城市中心区根据需要可以设置机动车临时停车带，一般和出租汽车共用，不设置社会机动车专用的停车场。

小汽车驻车换乘停车场选址应根据交通接驳需求以及车站周边规划用地等综合考虑，宜设置在中心城外围的远端车站。小汽车驻车换乘停车场宜结合绿化、高架桥桥下空间及地块开发进行设置，宜采用立体停车方式。小汽车驻车换乘停车场出入口至轨道交通车站出入口距离宜小于或等于150m。

机动车接驳设施

02

第 2 章

目标与指引

TARGETS AND GUIDELINES

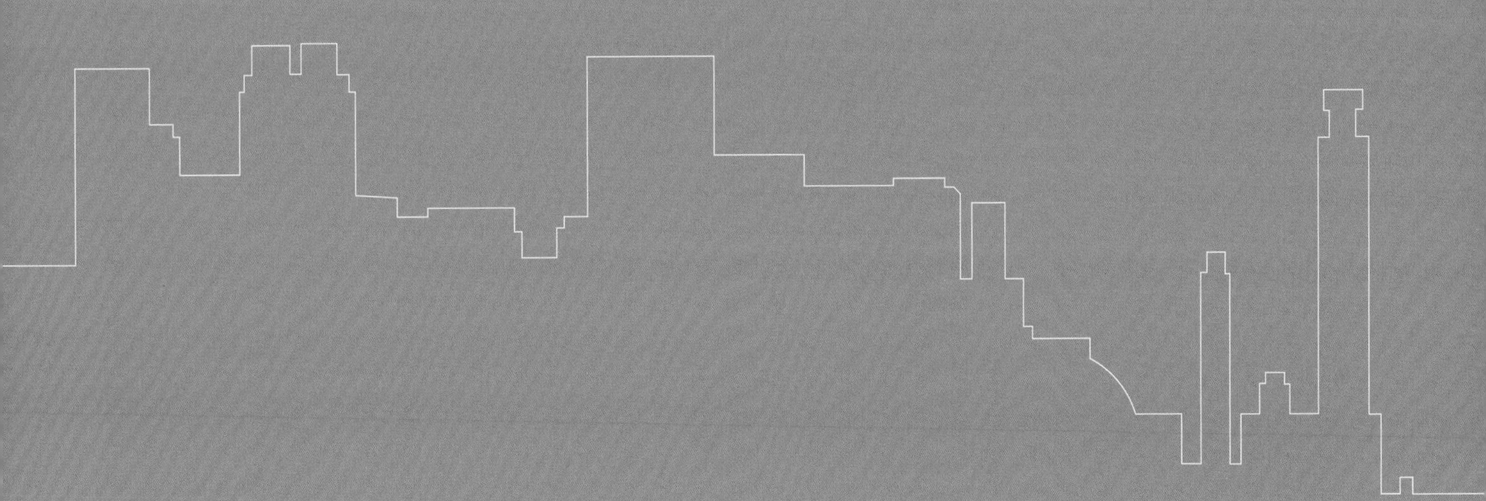

轨道交通接驳应以交通一体化为基础，以TOD理念为引导，充分考虑城市功能、空间感知、景观协调，同时注重基础设施本身投资的经济合理以及工程时序匹配，形成六位一体、多元统筹的规划设计目标与导引。

Rail transit connection should be based on transportation integration, guided by the TOD concept,and take full account of urban functions, spatial perception,and landscape coordination. At the same time, it should pay attention to the economic and reasonable investment of infrastructure itself and the one - step implementation of the project, so as to form a six in one,diversified planning and design goal and guidance.

2.1 交通一体化 Transportation Integration

统筹考虑多种交通方式是轨道交通接驳一体化的基础，可以高效组织不同交通方式之间的转换需求。

2.1.1 目标1：方式融合

Goal 1: Mode Integration

轨道交通接驳应考虑行人接驳设施、公交接驳设施、非机动车接驳设施、出租汽车接驳设施、小汽车接驳设施等多种交通方式接驳设施的具体设计要求，合理处理不同设施在空间布局上的位置关系，满足各种交通方式的接驳需求。

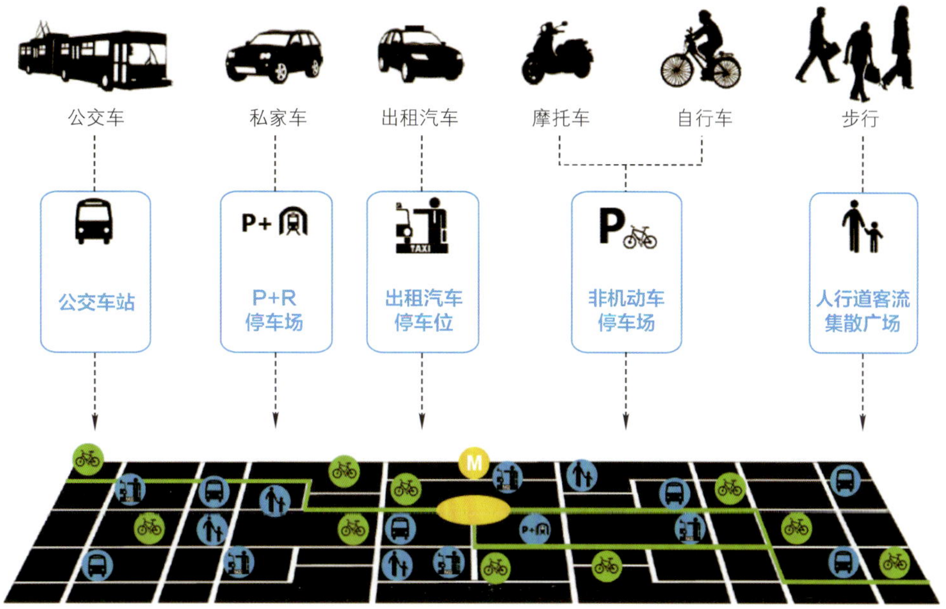

多种交通接驳方式

2.1.2　目标2：绿色优先

Goal 2: Green Travel First

践行“绿色出行优先”理念，交通接驳方式宜按照行人、非机动车、公交车、出租汽车、网约车、小汽车的优先顺序进行设计。

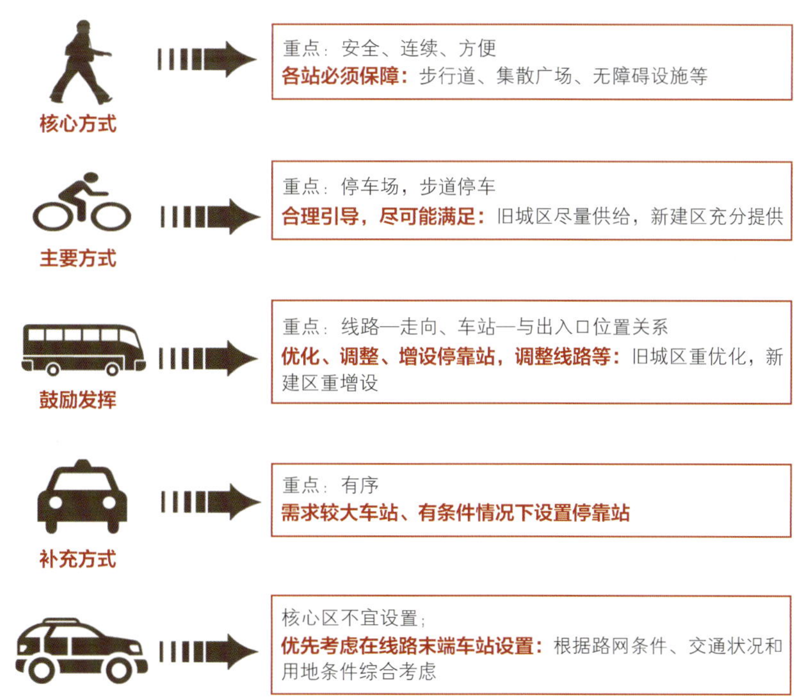

各出行方式的优先等级

2.2 功能一体化
Functional Integration

利用轨道交通接驳空间丰富生活服务功能，满足乘客日常生活的需求，在增加车站周边的出行吸引力的同时反哺客流。

2.2.1 目标1：功能多元
Goal 1: Multiple Functions

轨道交通接驳范围内除具备满足各种交通接驳方式换乘、驻车的功能外，可结合实际条件增加便民服务、商业购物、休闲活动场所等多样化的功能。

功能多元的接驳空间

2.2.2　目标2：形式多样

Goal 2: Various Forms

以服务乘客、节约空间为原则，轨道交通接驳范围内的功能服务可结合乘客主要进出站流线、有效的空间来设置。功能场所选址要与乘客进出流线相协调，并充分利用桥下等灰色空间或广场、地下通道等有条件的既有空间。

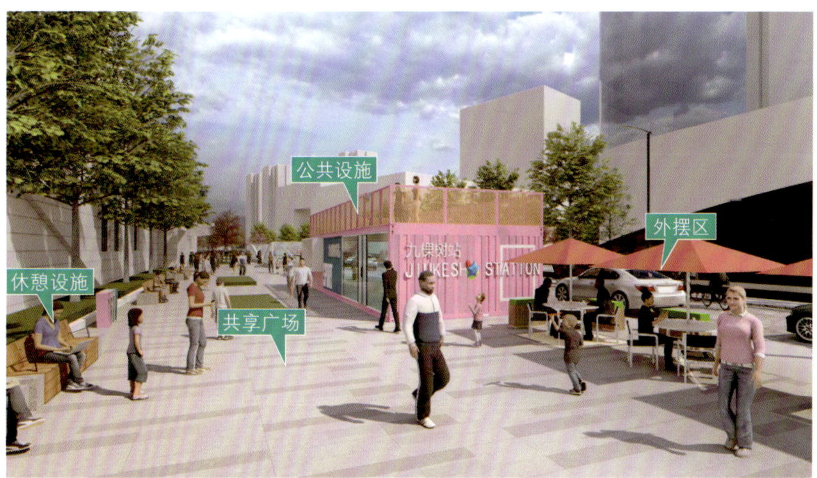

利用地面站前广场设置的公共服务设施及商业外摆区

利用地下空间设置的地下停车库

利用桥下空间设置的非机动车停车接驳设施

2.2.3 目标3：需求适配
Goal 3: Demand Adaptation

功能的选择需充分调研分析轨道交通车站对应的客群特征及需求，以做到功能适配、尽其用。

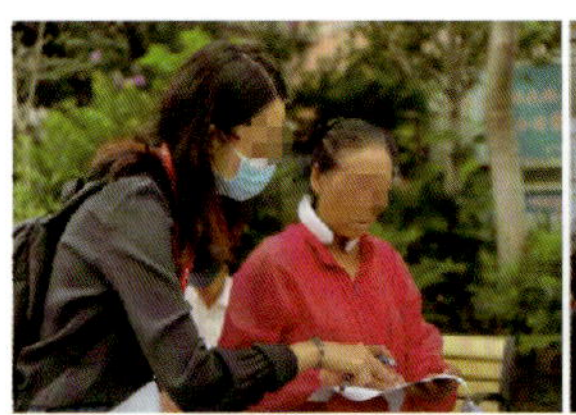

配套功能需求调研

2.3 空间一体化
Spatial Integration

轨道交通接驳设施与城市的空间一体化手法可以整合空间资源，提高土地利用效率，同时减少步行换乘距离，增加舒适性，优化换乘体验。

2.3.1 目标1：空间融合
Goal 1: Spatial Fusion

轨道交通接驳设施要与出入口、附属设施周边的建筑物、交通设施、公共空间、城市家具等进行空间整合考虑，利用精细化设计方法协调各项设施的布局关系，合理、高效地组织功能。

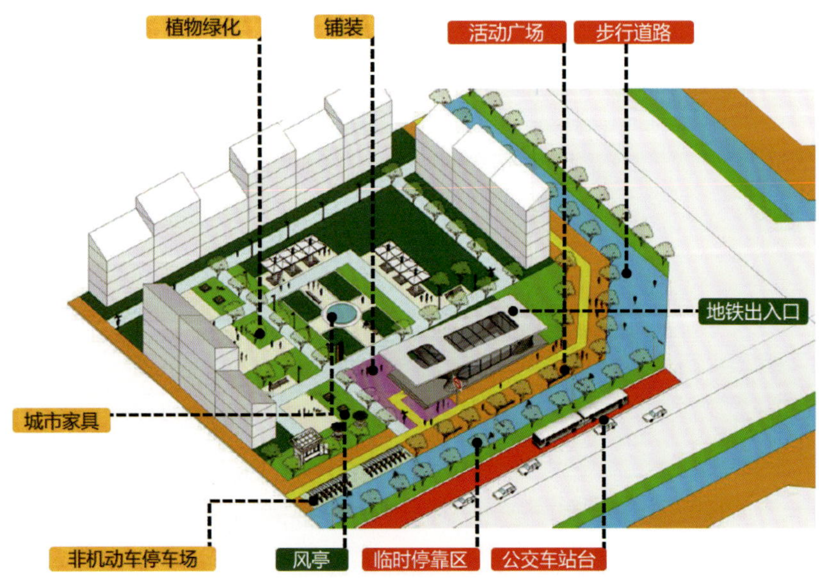

整合多元素的接驳空间

2.3.2　目标2：设施连通

Goal 2: Facility Connectivity

应以步行系统为触媒，利用地面风雨连廊、地下通道、过街天桥、高线公园等立体步行设施连通轨道交通接驳设施及周边城市空间，提升换乘的便捷性、舒适性，满足全天候的使用需求。

出入口外连接风雨连廊——无锡地铁

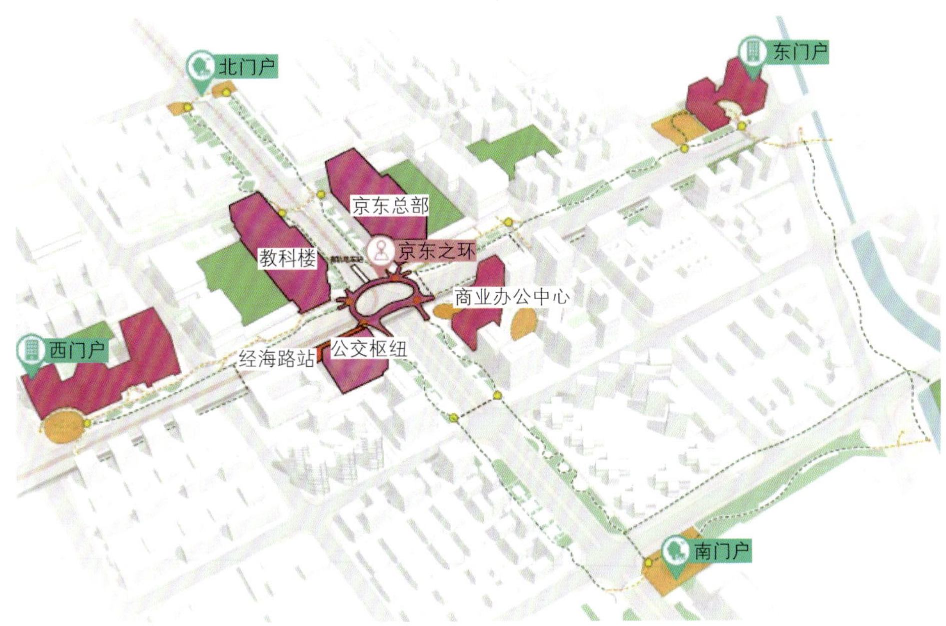

环形过街天桥——北京市轨道交通经海路站

2.3.3 目标3：立体整合

Goal 3: Stereoscopic Integration

推广采用立体开发、功能分层的建筑手法，将接驳设施、城市功能整合在同一建筑体内，如对公交场站、社会停车场进行上盖开发，形成功能综合体。

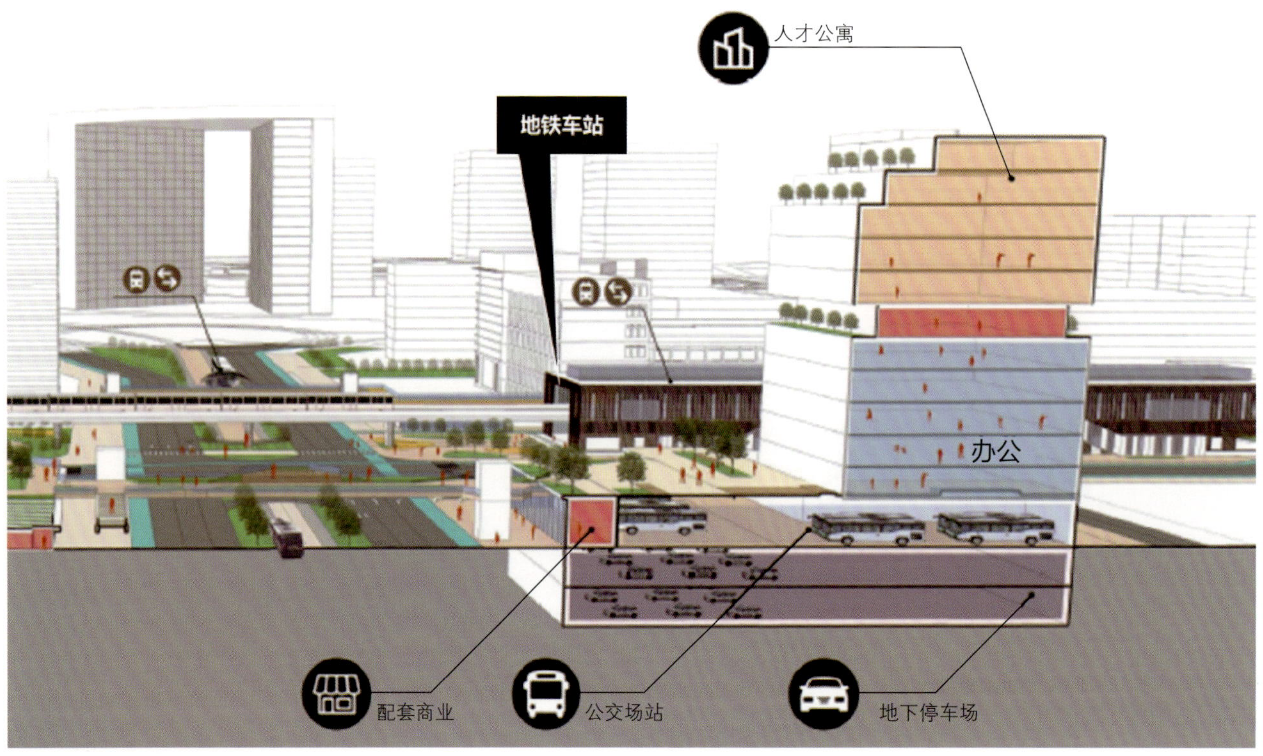

接驳公交场站的复合开发

2.4 景观一体化

Landscape Integration

景观一体化设计可以提升接驳设施与城市的协调性，利用接驳设施的空间展现城市文貌特征，丰富轨道交通基础设施的文化展示功能。

2.4.1 目标1：站景融合

Goal 1: Integration of Station and Scenery

站前广场、非机动车停车场等接驳空间及接驳设施的景观设计宜与站外环境品质相融合，植物物种选择、城市家具选型、建筑立面及标识系统的设计要充分做到因地制宜，使得站融于景。

出入口与景观公园的整合设计——呼和浩特市轨道交通西二环路站

2.4.2　目标2：地域特色

Goal 2: Regional Characteristics

协调车站建筑、接驳设施与文脉、城市、自然和人的关系，景观设计要充分结合地域文化特征，用设计手法展现区域特点，增加接驳设施的空间归属感。

历史文化特色的出入口及站前广场——北京市轨道交通模式口站

2.5 投资一体化
Investment Integration

投资一体化有助于协调不同权属主体间设施设计的原则一致、方案一致、进度一致，促进各家单位形成合力。

2.5.1 目标1：多方协同
Goal 1: Multi Party Collaboration

接驳设施及周边城市功能权属单位多、建设诉求差异大，易形成“九龙治水”的混乱局面。要以轨道交通接驳设施建设、车站周边环境整治为主线，统筹多元主体，统一任务目标，梳理功能职责，划清责权界限，共同做好设施建设工作。

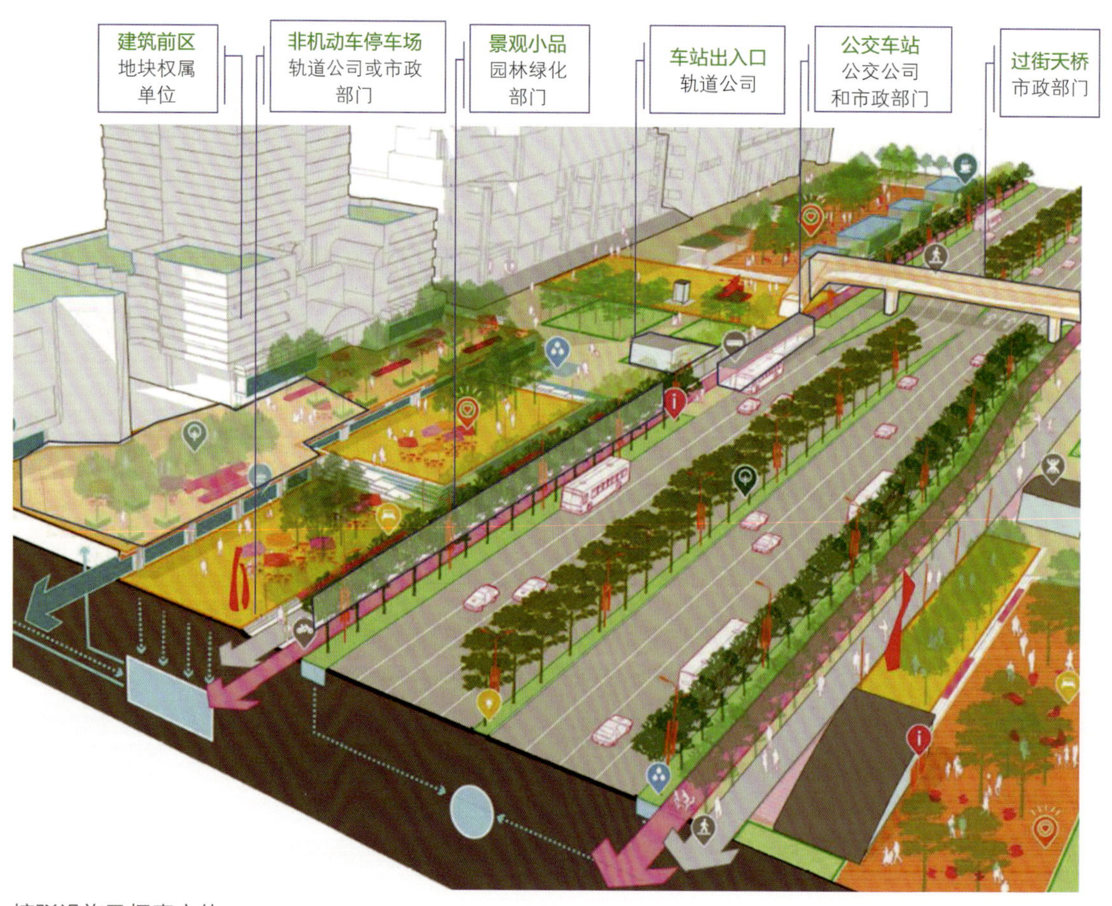

接驳设施及权责主体

2.5.2　目标2：共建共享
Goal 2: Joint Construction

打通相同设施、不同权属主体的隔阂，推动设施建设服从总体布局要求，如统一非机动车停车场与公用停车场，统一“P+R”停车场与社会公共停车场，统一车站通道与市政过街通道，统一不同权属设施的管理、运维工作，最大化实现设施资源共建共享。

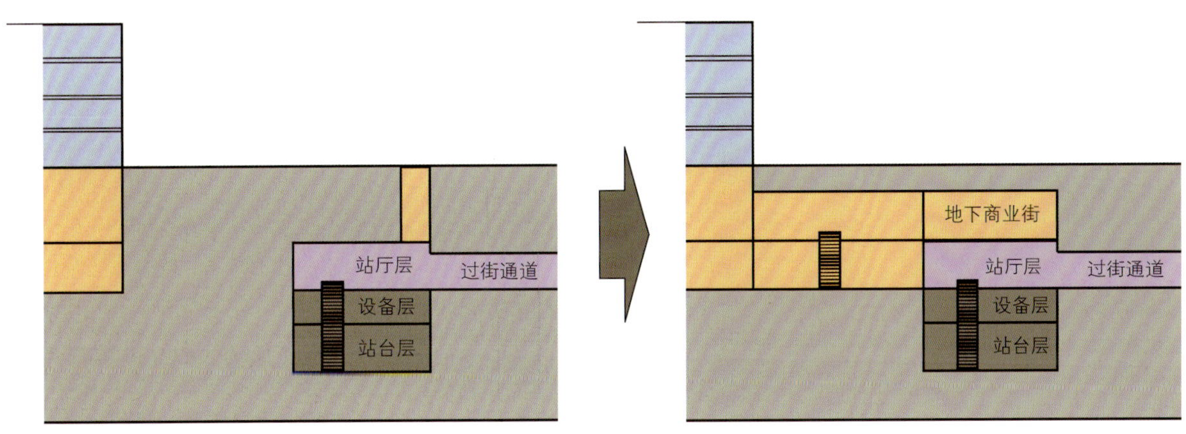

车站与建筑地下空间连通示意图

2.6　工程一体化
Engineering Integration

工程一体化是交通、功能、空间、景观、投资一体化的重要手段，有助于做好工程建设的近远期方案整合，避免设施建设的重复、返工、无法接驳等问题，保证各项工程同步实现。

2.6.1　目标1：明确范围

Goal 1: Well Defined Scope

接驳一体化工作应以车站出入口、非机动车停车场、公交车站、“K+R”车位（在道路的某个区域设置专门供车辆临时停靠的停车位）及“P+R”（换乘停车场）停车场等基础接驳设施为核心设计范围，同时整合考虑车站建设围挡范围及相关影响范围，对范围内需重新恢复建设的工程一体化设计，利用轨道交通建设契机整体提升车站周边环境品质。

出入口建设对应的不同范围

2.6.2　目标2：同步实施

Goal 2: Synchronous Implementation

轨道交通车站出入口建设应与接驳设施建设、道路渠化优化、景观小品塑造等工作统筹考虑，同步推进建设和使用工作。同时应与公交线路优化、非机动车停车引导、机动车停车管理等措施做好衔接。

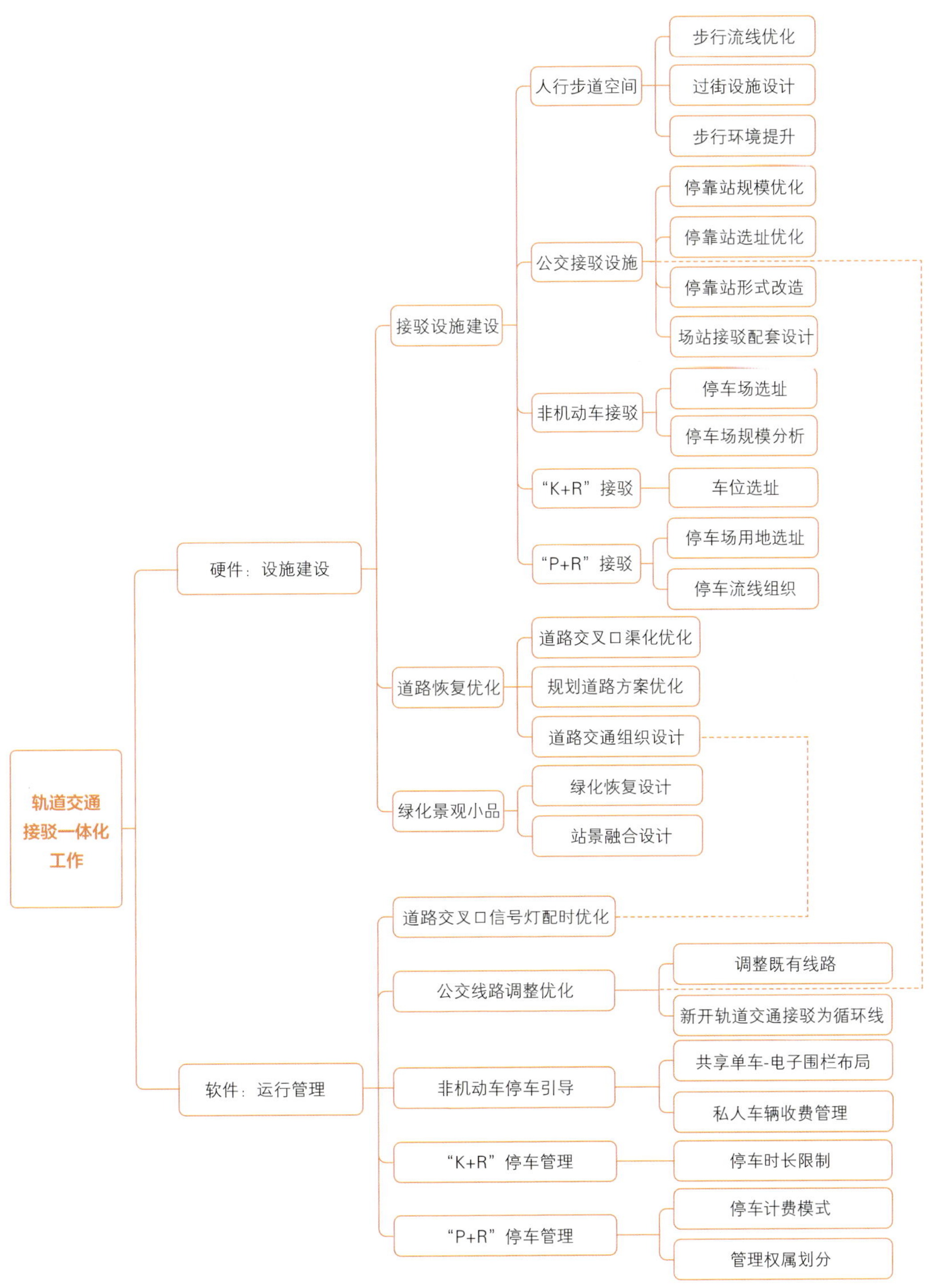

轨道交通接驳一体化工作梳理

2.6.3 目标3：近远结合

Goal 3: Combination of Short-Term and Long-Term

接驳一体化工作应充分考虑近远期方案的适配性及灵活性。一方面，近远期方案应做好方案选址、建设的接驳工作，避免远期方案对近期方案造成影响，导致推翻重建。如近期临时接驳道路宜于规划道路红线范围内建设，近期停车场宜于闲置用地布设。另一方面，近远期方案应充分适应周边环境变化带动的需求变化，做到方案的弹性适配。如近期非机动车停车场设施与简易绿化设施合建，随周边发展动态调整绿化设施功能，做到动态适配。

2.7　管理一体化
Management Integration

2.7.1　目标1：权责清晰
Goal 1: Clear Accountability

应对轨道交通周边各项设施明确各方的所有权和责任，明确轨道公司、市政部门、公交公司等各主体的范围和职责，做到“主体清晰，责任明确”，避免产生管理不畅、监管缺失等问题。

2.7.2　目标2：顶层设计
Goal 2: Top-Level Design

轨道交通接驳一体化应在体制机制层面加强顶层设计，建立相应的轨道交通车站接驳工作办法及规定。并确立更加长效、稳定的制度规范，确保轨道交通接驳的运营管理完善有序。

03

第3章

总体设计
OVERALL DESIGN

轨道交通接驳系统应结合城市居民出行特征，按照步行、常规公共交通、非机动车、出租汽车、小汽车、摩托车的优先顺序进行规划设计。轨道交通接驳一体化设计应从规划、可行性研究、初步设计及施工图四个阶段，与城市轨道交通规划密切配合。

The transportation connection system of rail transit station should be planned and designed according to the priority order of walking, public transport, bicycle, taxi, car and motorcycle, according to the travel characteristics of urban residents.The integrated design of rail transit station should be closely coordinated with the planning of urban rail transit in four stages: planning,feasibility study, preliminary design and construction drawing.

3.1　工作流程
Overall Process

轨道交通接驳设计包括接驳规划设计、接驳方案设计、接驳初步设计、接驳施工图设计，各阶段应与轨道交通的规划、设计各阶段相对应，两者密切配合，不同阶段要求的深度和侧重点也有所不同。总体上，轨道交通接驳设施应与轨道交通主体工程同步规划、同步建设、同步试运营。不能同步实施时，应预留实施条件。以北京为例，轨道交通接驳设计各阶段的主要任务如下图所示。

规划设计阶段划分

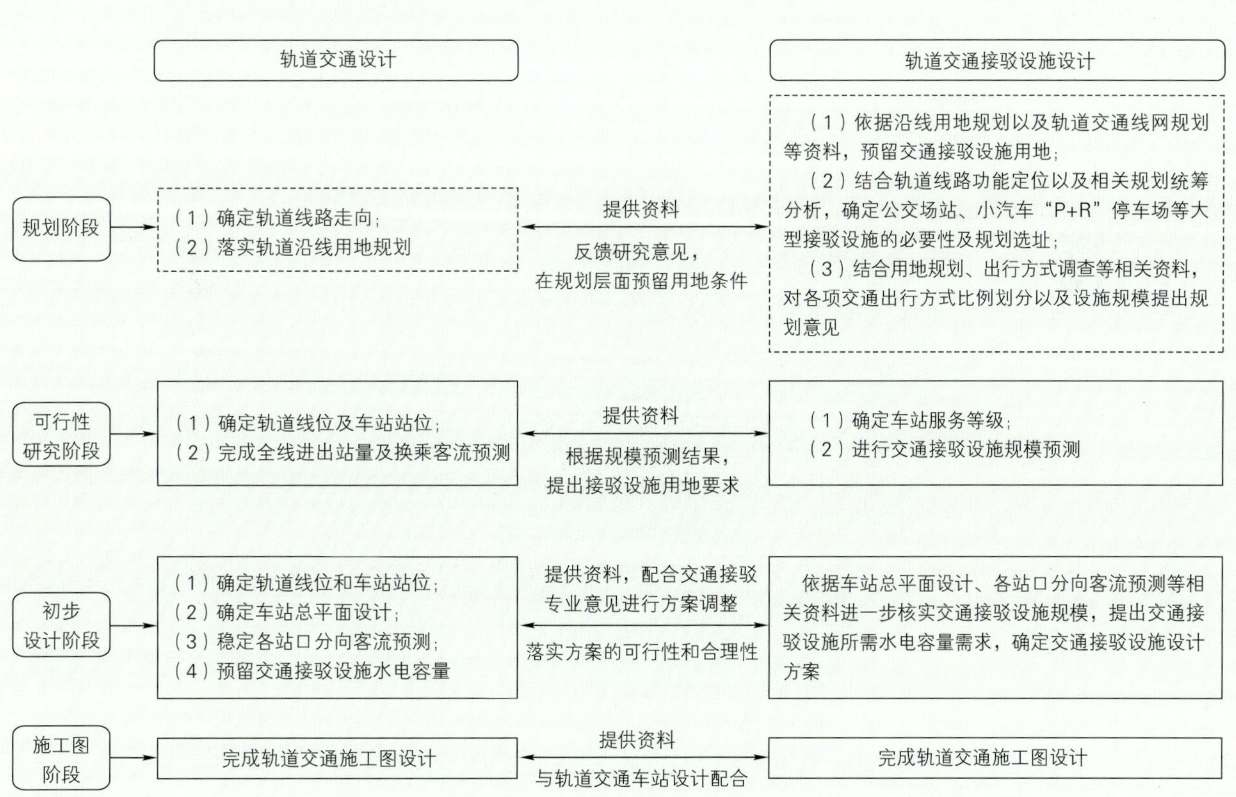

3.2 技术路线
Technical Route

轨道交通接驳设计的总体技术路线，可分为三大步骤。

■ 定功能

接驳设施应以轨道交通车站出入口为核心，综合考虑上位规划、周边用地情况等各项影响因素，确定轨道交通车站类型，统筹配置各类接驳设施。优先保障慢行交通、公交等绿色交通方式。

■ 定规模

以预测目标年轨道交通车站的地面集散客流、全日和高峰小时各出入口分向客流等为依据，通过实地调查或参照现有所属地区和周边开发功能类似车站的交通接驳特征，确定各类接驳方式分担比例，从而推算各类接驳设施规模。

■ 定布局

轨道交通接驳设施布局应遵循绿色出行优先、内外接驳顺畅的布局原则。线网未形成前，应重视非机动车和小汽车换乘设施，做好近远期接驳工作。

轨道交通接驳设计总体技术路线图

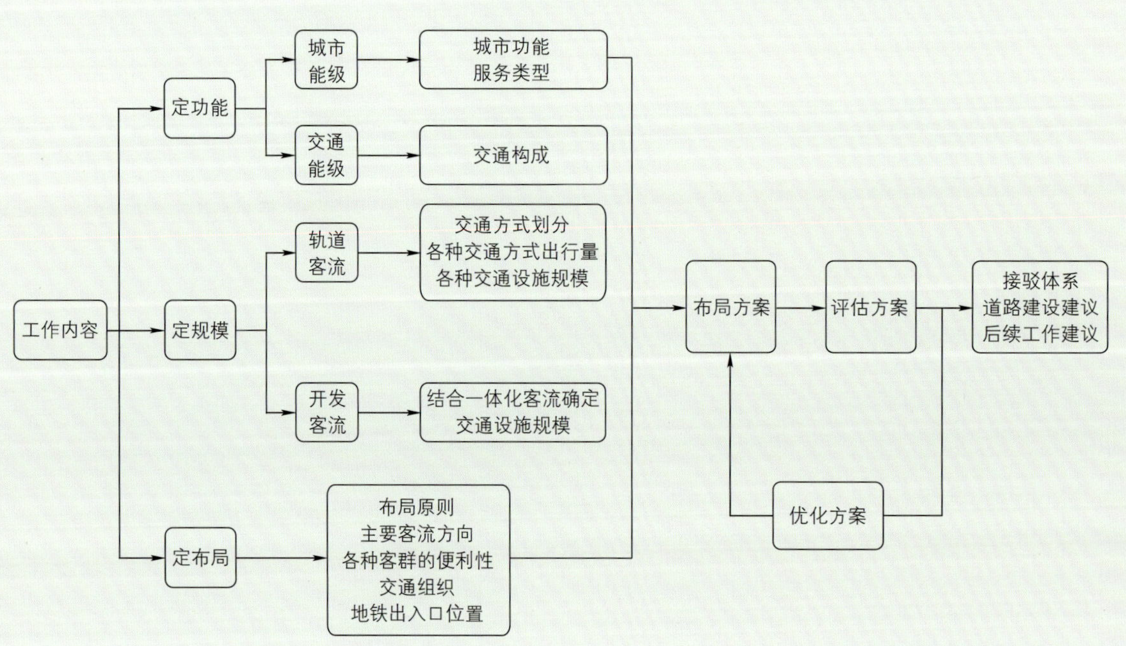

3.2.1　定功能

Function Confirmation

城市轨道交通出行是典型的多方式组合出行，其出行过程不连续、选择需求复杂、出行特征难以捕捉等特征，制约了轨道交通整体出行效率和满意度提升。

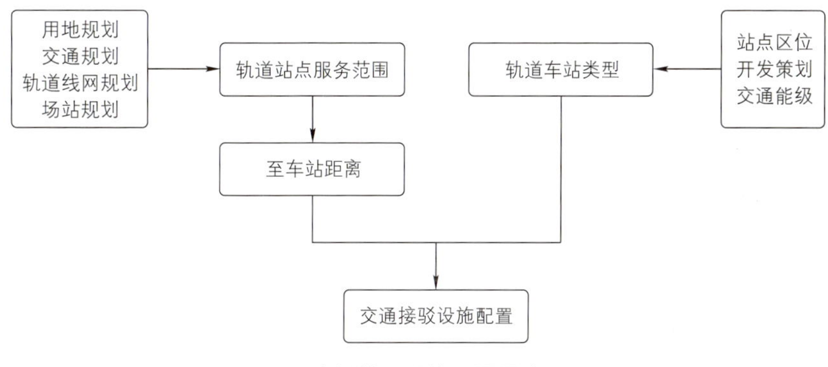

交通接驳设施配置思路

北京、上海、广州、深圳将轨道交通车站按所在区位、交通功能、用地条件等关键因素进行分级分类，以精准反映轨道交通车站的实际出行特征和功能需求。

城市轨道交通车站所在区位、交通功能、用地条件等是影响车站功能等级的关键因素，是建立城市轨道交通车站分级指标体系的基础。

3.2.1.1　车站区位

Station location

轨道交通车站区位主要取决于城乡空间结构与形态。从轨道线网密度及服务覆盖方面分析，由于不同区域轨道出行的需求不同，车站所在区位和轨道线网密度存在较大差异，承担的功能及交通接驳出行需求均不同。因此，可将轨道交通车站分为市级中心车站、组团中心车站、一般地区车站三类。

3.2.1.2 交通能级
Traffic level

综合考虑轨道交通车站换乘客流的性质、服务范围、交通接驳方式等多种因素，结合现状轨道交通车站集散客流及换乘接驳客流特征分析，从交通功能角度，可将轨道交通车站划分为综合枢纽、区域枢纽、一般站三类。其中，综合枢纽是轨道交通车站的最高等级，汇集城市对外交通和市内多种交通方式，是融合城市内外交通的关键节点，客流量较大且具有高度的综合性；区域枢纽是轨道交通车站的中坚力量，为多条轨道交通线路的交会站或与地面公交枢纽的重要换乘节点，客流以轨道换乘客流为主；一般站是轨道交通车站的基础层级，其交通接驳方式一般为步行、非机动车、公交，客流以集散乘客为主。

3.2.1.3 用地条件
Condition of land use

轨道交通车站周边的接驳设施与所处地区的城市功能具有较高的相关性，同一等级的车站处于不同功能的城市片区时，其周边交通设施和城市空间布局应有不同的规划设计安排。因此，基于用地条件对轨道交通车站进行分类，可将轨道交通车站分为交通枢纽类、功能混合类、居住为主类、商业为主类、商务办公类、特色类 6 类。

综合考虑车站区位、交通能级、用地条件三个维度进行交叉组合，构建轨道交通车站分级分类体系，形成 3 级、6 类、36 小类的车站分级分类矩阵。

轨道交通车站分类

交通能级	用地条件						站点区位
	交通枢纽类（A）	功能混合类（B）	居住为主类（C）	商业为主类（D）	商务办公类（E）	特色类（F）	
综合枢纽（S）	Ⅰ SC	Ⅰ SF	—	—	—	—	市级中心（Ⅰ）
	Ⅲ SC	Ⅲ SF	—	—	—	—	组团中心（Ⅲ）
	Ⅳ SC	Ⅳ SF	—	—	—	—	一般地区（Ⅳ）
区域枢纽（T）	—	Ⅰ TF	Ⅰ TA	Ⅰ TD	Ⅰ TB	Ⅰ TE	市级中心（Ⅰ）
	—	Ⅲ TF	Ⅲ TA	Ⅲ TD	Ⅲ TB	Ⅲ TE	组团中心（Ⅲ）
	—	Ⅳ TF	Ⅳ TA	Ⅳ TD	Ⅳ TB	Ⅳ TE	一般地区（Ⅳ）
一般站（N）	—	Ⅰ NF	Ⅰ NA	Ⅰ ND	Ⅰ NB	Ⅰ NE	市级中心（Ⅰ）
	—	Ⅲ NF	Ⅲ NA	Ⅲ ND	Ⅲ NB	Ⅲ NE	组团中心（Ⅲ）
	—	Ⅳ NF	Ⅳ NA	Ⅳ ND	Ⅳ NB	Ⅳ NE	一般地区（Ⅳ）

接驳设施应以轨道交通车站出入口为核心，统筹配置各类接驳设施，优先保障慢行交通、公交等绿色交通方式。综合以上分类，大致可将轨道交通接驳设施分为宏观接驳设施和微观接驳设施两大类，其中宏观接驳设施包括周边道路系统、公交场站、出租汽车停车场、“P+R”停车场等，需结合需求及规划用地条件设置；微观接驳设施占地小，一般都要设置。交通接驳设施可进一步划分为：步行接驳设施、非机动车接驳设施、公交接驳设施、出租汽车接驳设施和小汽车接驳设施，各类设施的接驳配置如下表所示。

接驳设施配置表

接驳设施种类	接驳设施小类	市级中心区接驳站	组团中心接驳站	一般地区接驳站
步行接驳设施	车站周边步行道路	★	★	★
	站前广场	★	★	★
	行人过街设施	★	★	★
非机动车接驳设施	车站周边骑行道路	★	★	★
	公共非机动车停靠点	★	★	★
	非机动车停车场	/	★	☆
公交接驳设施	公交停靠站	★	★	★
	公交场站	/	★	/
出租汽车接驳设施	出租汽车停靠站	★	★	★
	出租汽车停车场	/	☆	×
小汽车接驳设施	社会车停靠站	☆	☆	☆
	P+R 停车场	×	/	☆

注：★表示一般应设置，☆表示可选择设置，/ 表示一般无须设置，× 表示一般不应设置，各车站根据实际需要逐个确认，必要时可做个性化调整。

3.2.2　定规模

Size Determination

轨道交通接驳设施的规模应在车站分类的基础上进行。不同类型的车站应配置不同规模的接驳设施，并根据实际需求进行调整，以避免资源浪费或配置不足的情况发生。

轨道交通接驳设施规模的需求预测应以满足近期需求为前提条件，并为远期发展预留条件。

对于新建工程，车站进出总量、高峰小时系数和高峰时段进、出站量为工程设计阶段的预测数据；对于改、扩建工程，车站进出总量、高峰小时系数和高峰时段进、出站量应基于实际调查，并结合改、扩建工程设计阶段的预测数据得到。

规模预测工作应以各预测目标年限全市域（或中心城）范围的居民总体出行特征为基础，以各预测目标年限的全线客流、车站客流、分段客流、换乘客流、超常客流、全日和高峰小时各车站出入口分方向客流量等轨道交通线路客流预测结果为依据进行预测。

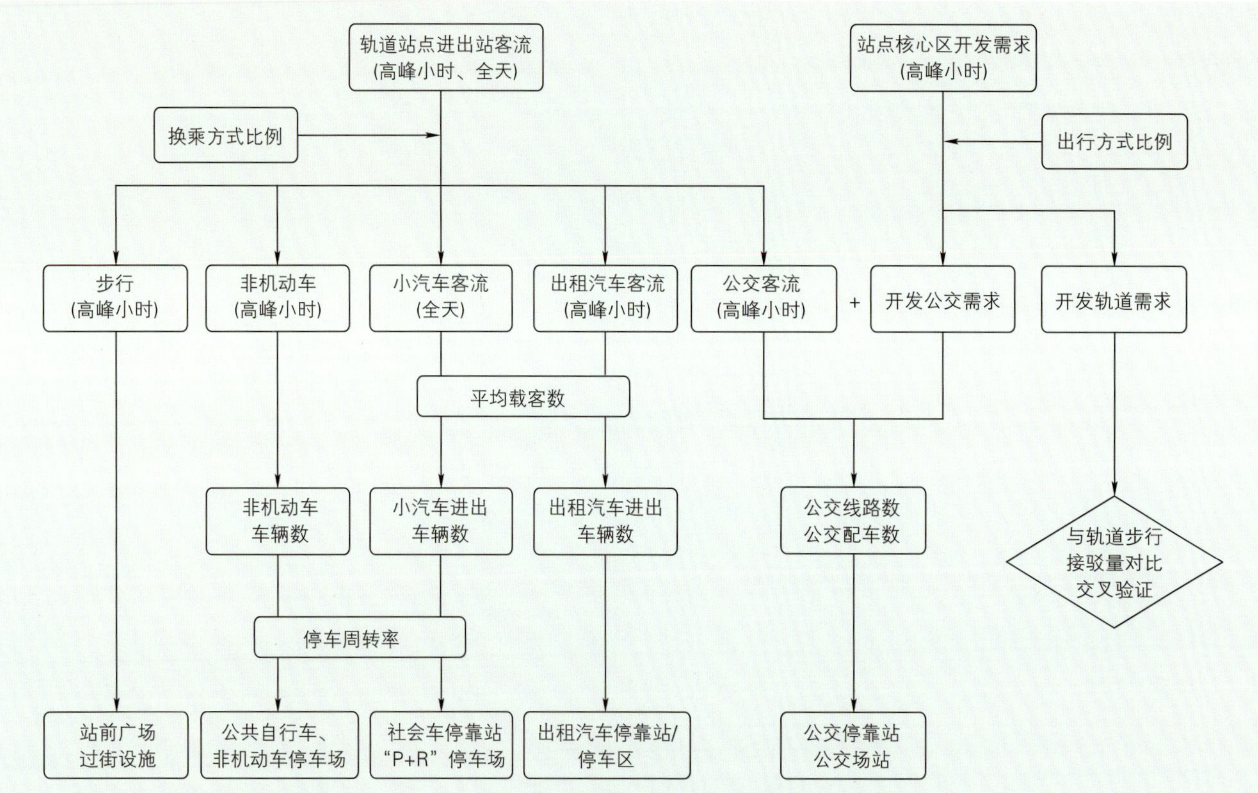

接驳设施规模的需求预测流程

轨道交通接驳设施规模是由接驳方式的换乘量决定的。各接驳方式换乘量可以通过进出站总量 × 各接驳方式分担率得到，各接驳方式分担率的预测方法主要有圈层法、类比法和转移曲线法。

在获得轨道交通车站各种接驳方式的客流分担量后，即可结合高峰小时系数，根据需要选取相应的客流数据进行交通接驳设施规模的匡算工作。

3.2.2.1 步行集散广场

Pedestrian distribution square

采用行人时空消耗及设施广义容量分析方法来确定步行集散广场规模，两者的关系为：

$$C_{w}Q_{w} = S_{w}T$$

$$S_{w} = \frac{C_{w}Q_{w}}{3600} = \frac{S_{1}LQ_{w}}{V_{1}3600}$$

式中：C_w——行人的平均时空消耗；

S_w——换乘客流所需空间，m^2；

Q_w——高峰小时集散换乘客流量，人/h；

T——步行时间，s；

S_1——步行动态空间，m^2/人；

L——步行距离，m，据地铁接驳人流调研，步行接驳平均距离为100～350m；

V_1——平均步速，m/s。

3.2.2.2　常规公交车站
Regular bus stop

$$N_b = \frac{J}{Q} = \frac{J(bB + t_c)}{3600BR}$$

式中：J——每小时服务乘客数，即公交与轨道换乘的高峰小时客流量，人/h；

Q——一个站位每小时最大乘客量，人/h；

b——平均停留时间，即每个乘客上下车时间，s，建议取2s；

B——乘客上下车人数；

t_c——公交车间隔时间，即车辆到站与前车离站之最小车距，s，等于从前车开始离站到下一车进站到达同一位置所需时间，建议取5s；

R——抵偿停站时间和到站时间波动的折减系数，反映车辆停站时间与到站时间变化程度对停靠站容量的影响系数，车辆到站与停站时间越均匀，此数值越大，一般最大不超过0.833。

3.2.2.3　非机动车停车场
Non-motor vehicle parking lot

$$S_{bi} = \frac{N_b}{\varphi_b \lambda_b} \times \alpha \times \overline{S}_{标}$$

式中：S_{bi}——非机动车停车场规模，m^2；

N_b——全日换乘客流量，人/d；

ϕ_b——平均载客数，人/辆，建议取值范围为1.0~1.2人/辆；

α——非机动车停车场最大瞬间利用率，依经验，取值范围为0.8~1.0，建议采用最大值1.0计算；

$\overline{S}_{标}$——非机动车停车位面积，参考《城市步行和非机动车交通系统规划设计导则》，单个泊位面积按1.8~2.0m^2计；

λ_b——周转率，共享单车接驳地铁比例占非机动车总量的98%，私人非机动车仅占2%，同时，接驳地铁的共享单车周转率为4.2~5.8次/d；因私人非机动车接驳地铁的比例较低，周转率可取5辆/泊。

3.2.2.4　出租汽车停靠站泊位数
Number of berths at taxi stands

$$p(n) = \frac{(\lambda t)^n e^{-\lambda t}}{n!} \quad n = 0,1,2,\cdots$$

式中：λ——车辆到达率，辆/s；

t——时间间隔，平均上落客时间为28s。

3.2.2.5 “P+R”停车场的规模
The size of the “P+R” parking lot

$$S_{\mathrm{P+R}} = \frac{N_{\mathrm{P+R}}}{P_{\mathrm{P+R}} \times \lambda_{\mathrm{P+R}}} E_{\mathrm{P+R}}$$

式中：$S_{\mathrm{P+R}}$——小汽车停车场的规模，m^2；

$N_{\mathrm{P+R}}$——全日换乘的客流量，人/h；

$P_{\mathrm{P+R}}$——平均载客数，人/辆，据调查为1.8人/辆，规模计算按2人/辆计算；

$E_{\mathrm{P+R}}$——平均停车面积；

$\lambda_{\mathrm{P+R}}$——周转率，每个停车位以1次/d计算。

3.2.3 定布局
Layout Determination

应保证各类交通接驳设施与外部交通的流线顺畅。减少各类交通接驳设施之间的交通流线交叉干扰，优先保障步行、非机动车的连续性。保证各类交通接驳设施内部的交通流线连续、合理和便捷。

不同交通接驳方式到出入口步行距离

<table>
<tr><th colspan="4">交通接驳方式</th><th>步行距离 (m)</th><th>备注</th></tr>
<tr><td rowspan="9">轨道交通车站出入口</td><td rowspan="3">个体交通</td><td colspan="2">步行直达</td><td>—</td><td>系统连续、完善，设施齐备</td></tr>
<tr><td colspan="2">小汽车停车场</td><td>< 200</td><td rowspan="2">至停车场入口的步行距离</td></tr>
<tr><td colspan="2">非机动车停车场</td><td>< 50</td></tr>
<tr><td rowspan="6">公共交通</td><td rowspan="2">公交车站</td><td>顺向线路</td><td>< 50</td><td>城市快速路与主干道（含以上）相交或有立交桥的路口，按垂直线路对待</td></tr>
<tr><td>垂直线路 *</td><td>< 150</td><td>顺向至路口需左转的公交线路，按垂直线路对待</td></tr>
<tr><td colspan="2">出租汽车候客区</td><td>< 50</td><td>—</td></tr>
<tr><td rowspan="3">对外交通</td><td>长途汽车站</td><td rowspan="3">< 100</td><td rowspan="3">—</td></tr>
<tr><td>火车站</td></tr>
<tr><td>机场、港口</td></tr>
</table>

注：* 表示轨道交通车站偏路口或路段中设置时的标准。

1. 步行平均速度：通勤出行客流为 4km/h（约合 66.7m/min），休闲性客流为 3km/h（约合 50m/min），以此计算出适宜的换乘时间。
2. 相对于轨道交通，市郊铁路车站到公交车站、出租汽车候车区和非机动车停车场的步行距离可放宽至小于 100m。

3.2.3.1　步行是进出轨道交通最直接、最便捷的接驳方式，要优先考虑，充分体现“以人为本”
Walking is the most direct and convenient way to get in and out of rail transit, which should be given priority and fully reflect the “people-oriented”

在轨道交通客流构成中，步行是最主要、最便捷，也是最为环保、节能的接驳方式，即使在使用其他交通工具的情况下，最终也将转化为步行方式进出车站。因此，对待步行应充分体现“以人为本”的交通理念，将其放在所有接驳方式中最优先考虑的位置，通过集散广场、人行步道和过街设施等为步行提供安全、连续、便捷和舒适的空间。

集散广场示意图

集散广场紧邻轨道交通车站出入口，其面积应依据客流预测确定。

轨道交通应与其他交通接驳设施周边建筑相接，当无法直接接驳时应设置人行步道，人行步道通行宽度应大于3m，并满足儿童车、轮椅及残疾人的使用要求。

竖向设计坡度宜为 0.3% ~ 2.0%，与相邻区域有高差时，应设置坡道或阶梯，并设置护栏等安全防护设施。

在易引发限流的轨道交通车站站前广场宜设置遮阳、防雨设施。

行人过街设施分为平面过街设施和立体过街设施两种形式。平面过街设施主要指人行横道线。立体过街设施主要包括过街天桥、过街地道、空中连廊等形式。

行人过街形式应结合人行、车行需求设置：行人过街设施以平面过街形式为主，立体形式为辅。当机动车车道宽度大于 16m 时，宜结合轨道交通车站设计采用立体过街设施形式。

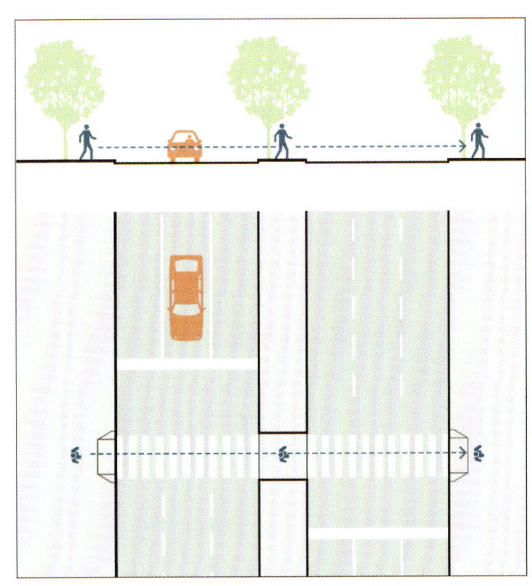

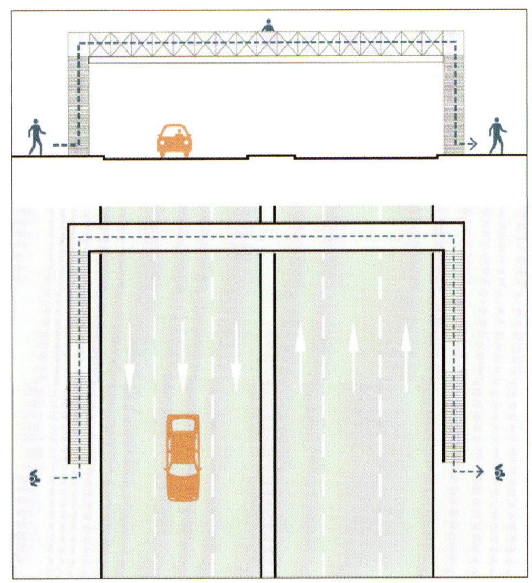

过街形式示意图（左：平面过街；右：立体过街）

3.2.3.2 常规公共交通承担轨道交通线路以外的公共交通出行，是重点研究的接驳方式 Conventional public transport, which undertakes public transport trips outside rail transit lines, is the key connection mode

■ 公交停靠站

公交接驳设施应根据轨道交通车站服务等级、周边道路交通条件、规划用地条件以及客流需求等，进行合理设计，并设置必要的交通安全设施。

公交接驳设施的设置应与公交线网规划相结合，工程可行性研究阶段应根据轨道交通线路、车站站位、客流特性等，对公交线路、公交停靠站站位进行优化调整。车站出入口设置应主动考虑与现有公交停靠站接驳。

公交接驳设施的设计应考虑公交线路输送能力、接驳换乘距离以及设施服务水平等因素。

当轨道交通车站出入口布置在路段中时，公交站台宜布置于出入口下游，过街设施宜布置于出入口上游。

当轨道交通车站出入口布置于交叉口范围内时，考虑公交站台宜设置在交叉口出口道（车流离开道路平面交叉处的路口）。位于交叉口出口道的轨道交通车站出入口，宜在出入口下游布置公交站台；位于交叉口进口道的轨道交通车站出入口，宜利用过街设施在对向乘车。

公交停靠站距轨道交通车站出入口宜控制在 20 ~ 50m 范围内，困难情况下不得大于 100m。

公交停靠站宜与临时接送车停靠站分开设置，且临时接送车停靠站应设置在公交停靠站上游位置。

公交停靠站按几何形状分为港湾式公交停靠站和直线式公交停靠站。道路交通条件允许的情况下，宜设置为港湾式公交停靠站。

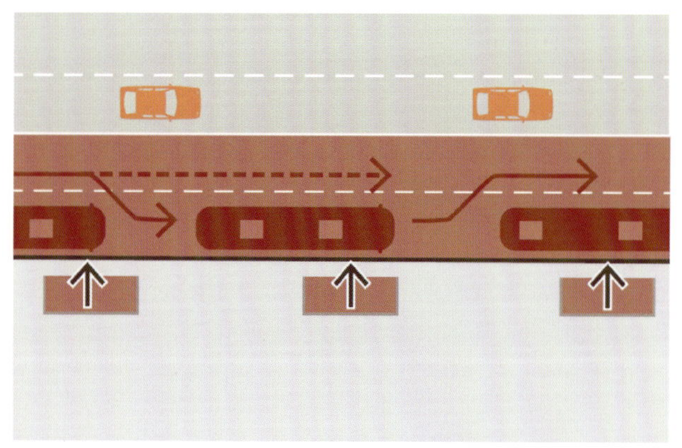
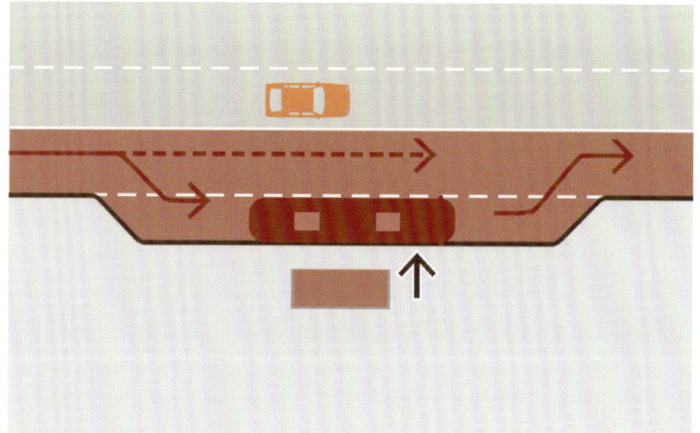

公交停靠站示意图（左：直线式；右：港湾式）

公交停靠站宽度应为3.5m，条件受限时，不应小于3.25m；公交车道与相邻车道之间应设置专用标线。

公交停靠站站台高度宜为 0.15 ~ 0.20m；站台宽度不应小于 2m，条件受限时，不应小于 1.5m。

公交停靠站最小纵坡度应大于或等于 0.5%；最大纵坡坡度应小于或等于 3%，地形困难时宜小于或等于 4.0%。

公交停靠站应设置站牌、公共服务信息指示牌、候车亭、安全护栏、地面标线、垃圾桶等附属设施，附属设施不应设置在乘客集散通道上。

公交停靠站设计应考虑设置休息场所、遮挡设施、照明系统以及安全疏导设施等，遮挡、照明以及安全疏导设施等宜统一样式。

公交停靠站附属设施示意图

公交线路优化

公交线路接驳优化应在满足客运走廊内公交出行需求的前提下，尽可能减少与轨道交通线路相平行的常规公交线路，降低运能浪费；同时加强轨道交通车站的公交接驳，满足居民的换乘需求。

公交线路接驳调整路径的选择应综合考虑现状道路运行情况、交通管理情况、土地开发利用情况、公交线路重复系数、公交服务水平、现状公交场站布局及规模等因素，保障优化方案的可实施性，具体应遵循以下要求：①新增或调整线路的路径应结合公交线路供需情况，选择供需较为紧张的路径；②线路调整应确保原路径仍有其他可替代性公共交通线路，降低对居民出行的影响；③线路调整应充分考虑现状公交场站布局及容纳能力，避免优化调整后场站容纳能力不足问题。

对于现状接驳供给不足的轨道交通车站，应沿车站主要接驳方向及区域进行接驳线路的增设及调整，以满足轨道交通车站接驳需求。

对轨道交通车站 500m 范围外的区域，当公交服务水平较低时，应考虑增设与轨道交通车站接驳的公交线路，也可通过局部调整既有公交线路实现与轨道交通车站的接驳，但应确保所调整公交线路原服务区域仍有其他公交线路接驳。

3.2.3.3 非机动车是间接吸引范围内客流的有效接驳方式，应需求与引导并重

Non-motor vehicle is an effective connection mode to the passenger flow within the indirectly attract range, which should be paid equal attention to demand and guidance

非机动车以其经济、方便、灵活、环保等优点，逐步成为轨道交通重要的接驳方式。在相当长的时间内仍是人们交通出行的主要方式之一。在交通接驳规划中，应通过完善非机动车专用道路、停车设施，提高对停车场的管理水平，引导换乘轨道交通出行，从而限制远距离的非机动车出行。

考虑不同区域城市土地资源不同、车站吸引范围不同，对非机动车停车场设置应采取不同供给政策。对于市中心

区轨道交通车站，在用地条件允许的地方，应设置相应的非机动车停车场，可采用集中或分散的布局形式。对于轨道交通线路两端的新发展区和城乡接合部，应设置较大规模的非机动车专用停车场，扩大城市轨道交通的吸引范围。

停车点位示意图（左：出站口；中：行道树设施带；右：建筑前区）

共享单车是近年来较受欢迎的一种接驳方式，解决了市民出行“最后一公里”难的问题，然而乱停乱放却严重影响了车站周边的交通秩序。相对于自有非机动车，共享单车更加灵活、方便，且周转率高，对停放硬件要求低。因此，从停车设施布局上来说，建议分散布置在车站周边步行道绿化设施带中，易于存取；从节约投资角度，不建议设置专用停车场。此外，在保障共享单车停放空间的同时，还应加强管理，一方面是对共享单车企业的管理，要求其针对需求量和潮汐情况，精准停放、及时调度，另一方面是对共享单车用户的管理，目前多地利用电子围栏技术引导骑行用户到指定区域停放车辆，如果不能定点还车将无法终止租车计费，起到了很好的管理效果，应大力推广。

3.2.3.4 出租汽车接驳设施（含临时接送车），满足多层次服务需求和方便部分乘客，是必要考虑对象

Taxi connection facilities (including temporary shuttles) are necessary to meet multi-level service needs and facilitate passengers

出租汽车能够覆盖广泛的城市范围，但是价格高，在上下班高峰期时段容易遇到拥堵。如果将出租汽车和轨道交通结合起来，不仅覆盖了广泛的出行范围，而且能够减少用户的出行时间，降低出行费用。

做好出租汽车和轨道交通结合，不仅需要在完善公共交通网络的基础上，也需通过有效管理减少出租汽车的空驶率。因此，轨道交通车站的接驳要适当设置出租汽车停靠站，鼓励出租汽车定点停靠，可以降低空驶率从而减轻道路交通负荷。

出租汽车接驳设施应考虑出租汽车输送能力、接驳换乘距离、设施服务水平等因素进行设计。

出租汽车停靠站宜与公交车停靠站分开设置，且在条件相同情况下优先布置在公交停靠站的上游。

出租汽车停靠站距轨道交通车站出入口宜小于或等于50m。

出租汽车停靠站与站前广场结合设置时，应增加站前广场面积。

出租汽车调度站应根据轨道交通车站服务等级、周边道路交通条件、规划用地条件、客流需求等因素进行合理设计，出租汽车调度站应具有上下客、停车、换乘、到发、调度、运营管理等功能。出租汽车调度站出入口至轨道交通车站出入口距离宜小于或等于 150m。

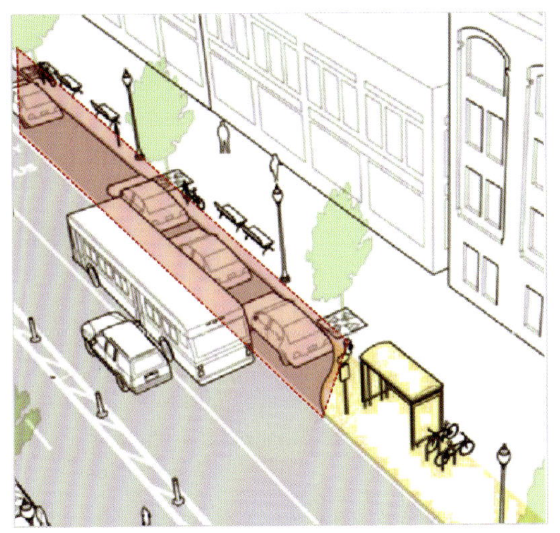

出租汽车（临时接送车）停靠站形式（左：直线式；右：港湾式）

3.2.3.5　小汽车作为客运系统的必要补充，接驳规划应重在通过建立停车换乘体系，引导转向轨道交通出行

As a necessary supplement to the passenger transport system, car connection planning should focus on the establishment of a park-and-ride system to guide the transfer to rail transit

随着私人小汽车的激增，城区道路网逐渐趋于饱和，通过完善轨道交通车站的停车换乘体系，可以吸引一部分小汽车使用者换乘轨道交通出行，从而减轻道路交通压力，同时有利于城市环保和能源节约。

小汽车接驳规划主要考虑设置“P + R”专用停车场，并辅以相应的优惠收费政策，设置原则需要结合城市交通需求管理政策及停车设施供给原则综合考虑。“P + R”停车场设置的主要目的是拦截外围区域（包括外围区县和新城）小汽车交通流和对外交通车流，满足中长距离停车换乘服务。因此，“P + R”停车场宜设置在外围末端站附近，并结合对外公路、快速路与轨道交通接口位置综合考虑。

“P + R”停车场应符合城市规划布局和道路交通组织要求，根据轨道交通车站服务等级、周边道路交通条件、规划用地条件、客流需求等进行设计，并设置必要的交通安全设施。

机动车停车换乘停车场宜结合绿化、高架桥桥下空间及地块开发进行设置，可采用立体停车方式。

原则上小汽车停车换乘停车场出入口应尽量与车站站厅相连，否则应设置步行通道连接停车场与车站出入口，并且小汽车停车换乘停车场人行出入口至轨道交通车站出入口距离宜小于或等于 150m。

04

第 4 章

功能分类

FUNCTION CLASSIFICATION

根据第3章，轨道交通车站共分为六类（交通枢纽类、功能混合类、居住为主类、商业为主类、商务办公类、特色类），但车辆段综合利用项目中车辆段的综合开发也需要对交通接驳进行规划设计，故本章根据以上七种轨道交通车站类型，分类提出交通接驳设计原则和案例。

According to Chapter 3, the rail transit stations are divided into six categories (transportation hub, mixed function, residential, commercial, business and characteristic). However, the comprehensive development of rolling stock depot in the comprehensive utilization project also needs the planning and design of transit connection. Therefore, based on the above seven types of rail transit stations, classification of traffic connection design principle and cases are indicated in this chapter.

4.1 交通枢纽类 Transportation Hub

在站城融合和TOD的理念之下，综合交通枢纽是多种交通方式高度集中、复杂客流高度汇聚、城市功能业态高度融合的超级综合体。综合交通枢纽首先要解决客流集散和换乘的问题，以“安全、绿色、顺畅、便捷、高效”为目标，按照“公共交通方式＞私有交通方式”优先顺序，锚固高优先级客群换乘界面及所需空间。通过精细的一体化设计将交通功能与城市功能整合，在实现交通功能的基础上引导城市发展，将交通出行体验作为城市态度的表达载体，为每类客群营造良好的换乘和出行环境，由交通到交流，以节点为亮点，焕发城市活力。

4.1.1 设计原则 Designing Principles

4.1.1.1 立体布局，便捷换乘 Tridimensional layout

TOD风潮之下各城市均积极规划建设轨道交通，借由城市更新枢纽改造契机，应创造条件尽可能拉近铁路与轨道交通的平、竖向距离，实现枢纽内换乘距离小于300m。通过全面提高公共交通出行效率和品质，提升公共交通出行比例，减少小汽车使用，优化出行结构。

4.1.1.2　互联互通，缝合城市
Connectivity, stitching the city

无论普通铁路、城际铁路还是城市轨道交通，轨道均对城市和区域空间形成割裂，站城融合背景下的综合交通枢纽设计应着重于打造与城市的立体慢行连通，根据区域条件考虑车行连通。非付费区的人行连通空间，起到旅客容错、加强轨道两侧联系、提高周边区域居民出行便捷度、提升区域活力的作用。车行连通应结合枢纽周边路网规划、出行需求和工程条件选择合适的车行连通模式，避免“因连而连”，造成无效连通甚至诱增车辆干扰枢纽进出，导致资源浪费。

4.1.1.3　停车共享，适度管控
Parking sharing, moderate control

枢纽区域不仅包含枢纽停车、员工停车、开发停车等需求，还包括解决区域停车缺口的需求，单纯将各类需求叠加，势必将造成设施浪费，给城市带来巨大的财政压力。伴随轨道交通及TOD理念的普及，各城市对于枢纽区域给予停车位折减政策，在此基础上可采取开发与枢纽停车位共享，并根据停车目的和分区，制定差异化的停车收费政策，利用经济杠杆促进区域均衡停车、错时共享。

4.1.1.4　功能复合，空间融合
Complex functions, spatial intergrality

交通设计者应与铁路部门、城市规划部门、开发商等进行多层次多专业的沟通，注重交通与土地功能的耦合、与空间的互动以及与城市风貌的融合。交通系统应契合枢纽区域产业的交通出行特征，满足其交通出行需求，尤其是片区重点发展产业对交通服务的要求，通过交通承载力分析给予城市规划和商业策划以量化支撑。在设计中应考虑尽量消除铁路在环境、噪声、景观、占地、分隔城市等方面带来的负面影响，提升站区价值，打造活力街区，以功能复合化与空间多元化为媒介，塑造丰富城市生活，以提升城市活力，创造富有震撼力的城市活力中心。

4.1.1.5 近远结合，弹性设计
Short term and long term combination, design flexibly

规划与实施紧密联系，考虑近远期结合、工程可行性、投资造价及多种工况，推行工程筹划及改建期间运营建议，实现资源最大化利用，减少对铁路运营、周边居民和城市生活的影响。新能源、共享经济、MaaS（Mobility As A Service，出行即服务）、自动驾驶等新技术的产生和运用，使交通规划面临客群出行行为和需求的转变，规划设计中应体现新交通方式的引入对设施空间及布局的影响，适度预留，弹性设计。

4.1.2 典型案例：北京朝阳站[1]
Typical Instance: Beijing Chaoyang Station

4.1.2.1 基本信息
Basic information

北京朝阳站（星火站）定位为京沈客运专线的始发终到站，是北京铁路枢纽八个主要客运站之一。车站位于东四环与东五环之间，姚家园路北侧，城市规划绿隔地区的边缘。现状交通条件较差，规划范围内交通基础设施比较薄弱。该站近期 2025 年预测年旅客发送量为 2700 万人次，远期 2030 年预测年旅客发送量为 3400 万人次。周边一体化开发规模达到 27 万 m^2。

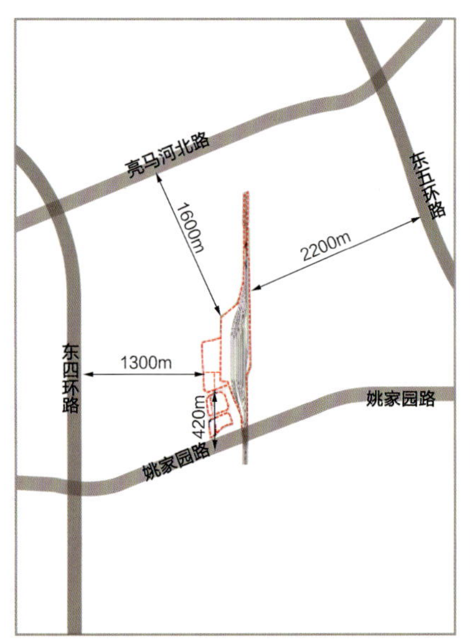

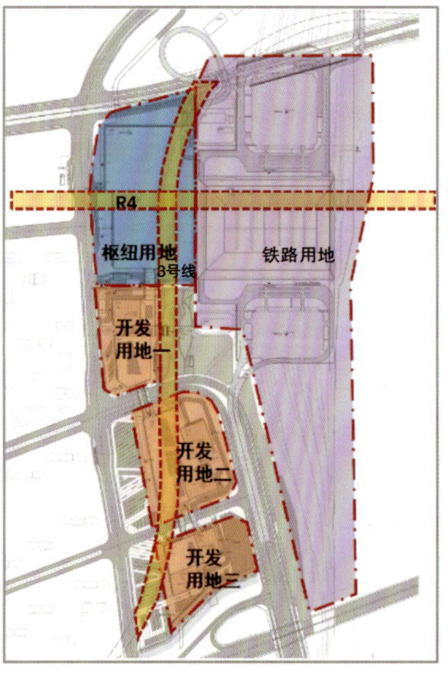

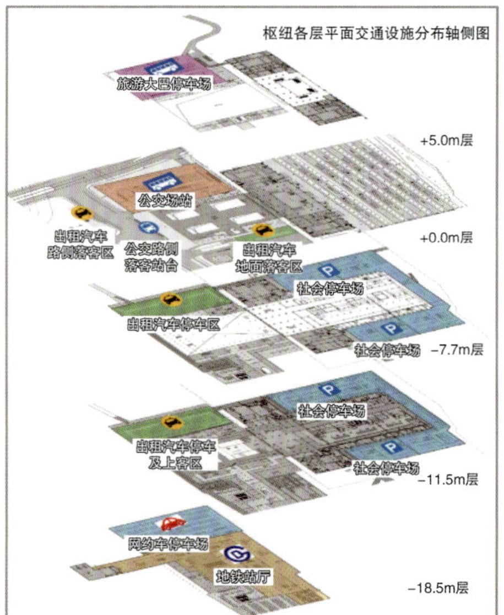

北京朝阳站区位、功能、设施布局示意图

[1] 该方案为阶段设计方案，最终实施方案会有所不同。

4.1.2.2　设计方案
Project design

■ 对外交通多路进出

枢纽对外交通组织遵循“北进北出、南进南出”的原则。针对东四环路和姚家园路交通拥堵的状况，北京朝阳站对外交通组织方案提出外围提前引导分流。特别是对驶离车辆进行快速引出，避免北京朝阳站周边道路出现长时拥堵。

外围驶入交通流组织流线　　外围驶离交通流组织流线

北京朝阳站外围交通组织示意图

■ 内部交通立体分层

内部交通利用南、北落客平台以及南、北地下停车场，分散接送客交通压力。出租汽车设置多点落客，避免发生排队拥堵。出租汽车和网约车接客统一设置在枢纽地下。公交场站设置在枢纽地上二层，并兼顾旅游大巴停放，集约利用。地下预留枢纽、普通铁路与开发地块的交通环路，实现各区域地下停车和出入口共享。

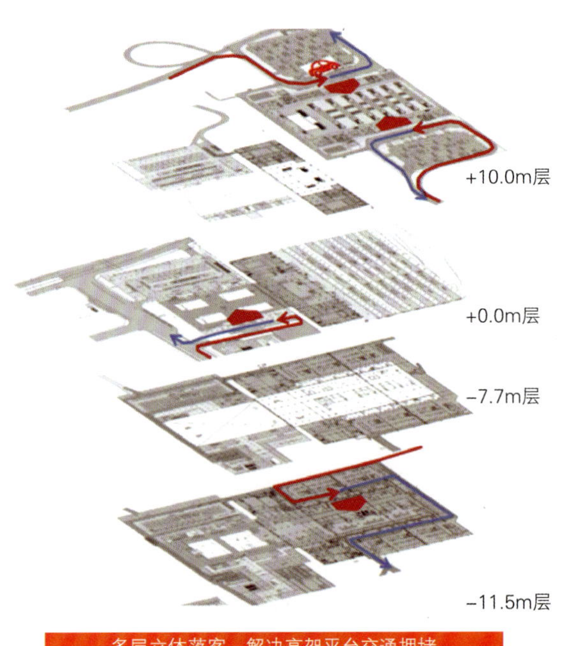

多层立体落客，解决高架平台交通拥堵

交通换乘中心垂直整合多种接驳功能

北京朝阳站内部交通组织示意图

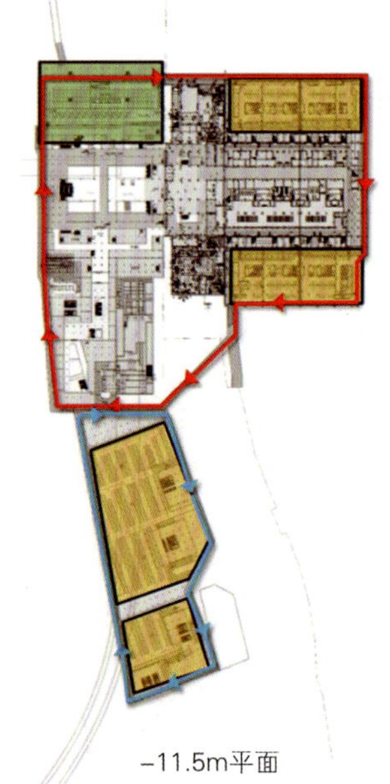

利用开发地块解决枢纽进出问题

客流换乘高效便捷

项目采用上进上出 + 下进下出的进出站模式，乘客可通过高架落客平台、地面公交场站和地下轨道交通，多层立体进站。出站乘客集中在 -11.5m 层换乘大厅，可换乘轨道交通、公交、出租汽车和小汽车等各种交通方式。轨道交通车站厅下压一层，利用交通换乘层拉开距离，减轻轨道交通安检压力，同时增加应对突发状况的缓冲能力。

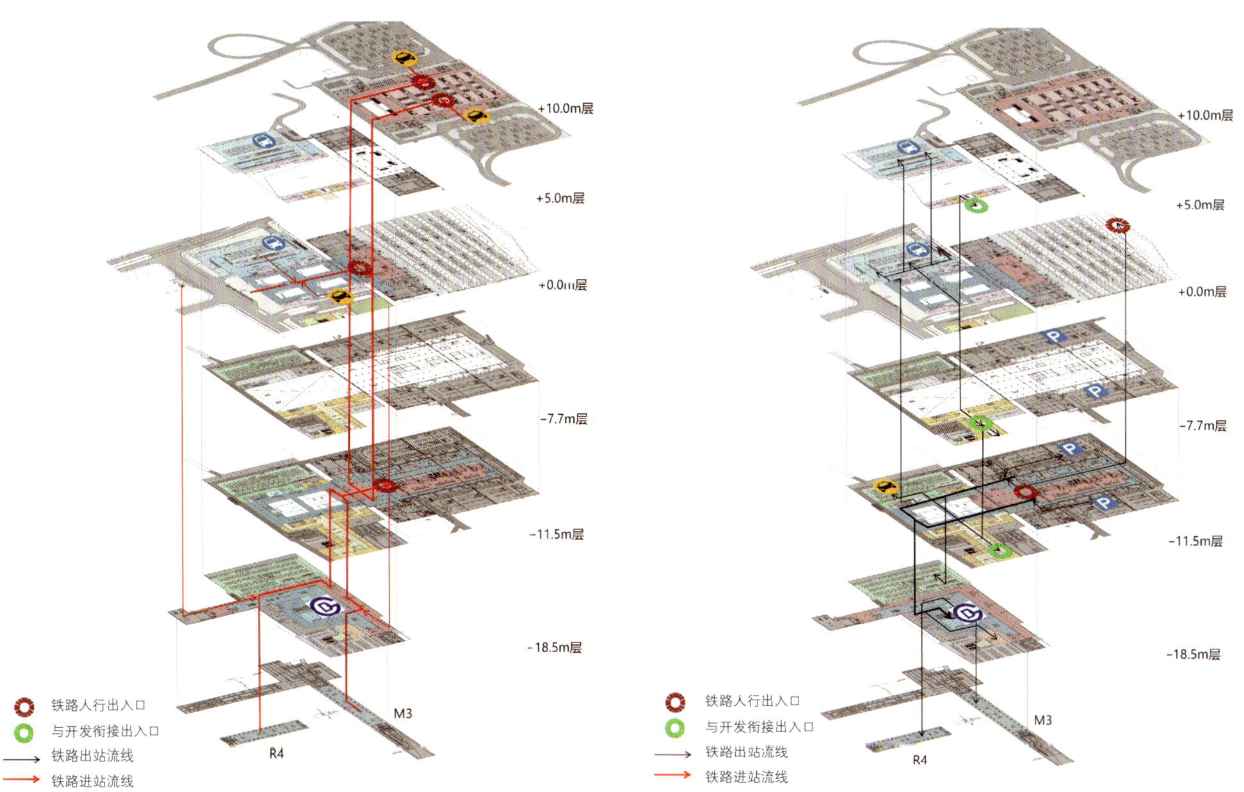

北京朝阳站人行换乘示意图

慢行系统互联互通

通过地上二层连廊和地下城市通廊，形成立体步行系统，将枢纽可开发的慢行系统整合起来，提升慢行连通性及可达性，提升枢纽区域活力。

4.1.2.3 经验启示 Experience enlightenment

铁路客运枢纽是城市的“门户”，承担着城市内外交通转换的重要功能，同时也是城市发展的重要节点。北京朝阳站综合交通枢纽在各种外部限制条件与不利因素控制下，采用立体集约布局实现国家铁路系统与城市各层接驳系统的无缝接驳，并从站城一体化的角度制定实施共享、互联互通的策略，解决机动车进出和停车等枢纽难题。一体化工程涉及铁路车站、轨道交通车站、公交枢纽、市政道路及相邻开发地块等多个产权主体单位，需要政府相关部门牵头，在前期阶段确定一体化目标、策略、设计方案和实施路径，并在后期的建设和运营过程中协调各类问题，才能实现“站城一体、融合发展”的美好蓝图。

4.1.3 典型案例：霍营交通枢纽

Typical Instance: Huoying Hub Intergrated

4.1.3.1 基本信息

Basic information

霍营交通枢纽位于北京市昌平区回龙观地区南部，中轴线北段、中心城区 15km 圈层，远期规划为四线换乘站，包括 8 号线、13B 线、市郊铁路东北环线和三城联络线（远期），为北京市规划的 24 个客运交通枢纽之一。霍营交通枢纽属于改造项目，是北京市批复的第一批轨道微中心，是市郊铁路与城市轨道交通融合的重要节点，也是利用存量用地挖潜更新、激发回天地区活力的重要示范项目。该项目用地面积约 16ha，总建筑规模约 41 万 m^2，主要功能包括枢纽功能、公服、办公和商业等功能，其中地上建筑规模约 28.3 万 m^2，地下建筑规模约 12.7 万 m^2。

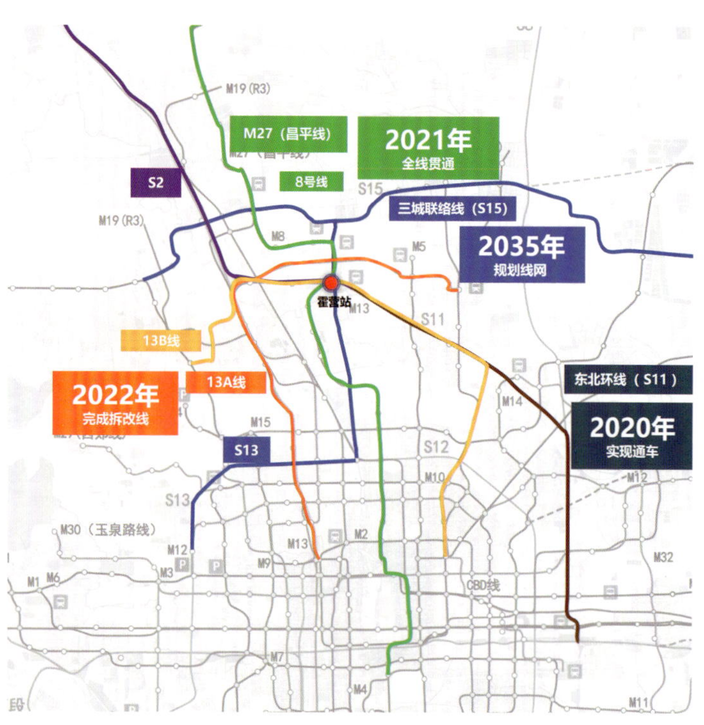

霍营交通枢纽项目区位图

霍营交通枢纽项目效果图

4.1.3.2　设计方案
Project design

■ 公交主导，枢纽一体

将现状远离枢纽中心区域的市郊铁路西移，与13号线平行、紧邻布局，打造以交通核（连接轨道交通车站大运量脉冲式客流与枢纽综合体慢行系统之间的室内交通转换枢纽）为中心，其他交通服务设施紧邻设置的集中式枢纽布局结构，利用交通核可实现各种交通方式的无缝换乘。

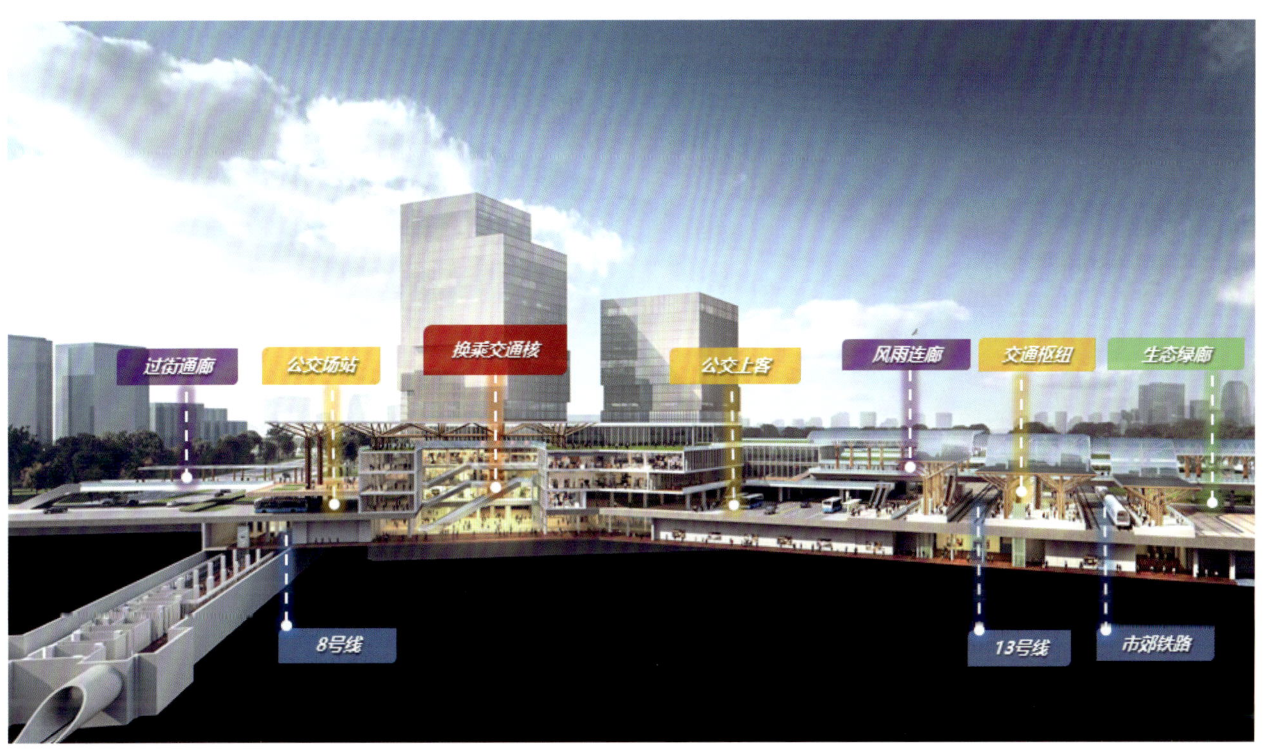

霍营交通枢纽项目设施布局示意图

■ 站城融合，慢行优先

构建各层功能清晰的立体交通组织系统，地上二层平台和地下一层均服务人行交通需求，满足进出站及换乘功能，地面层服务各类车行交通需求。通过二层高架平台向四周延伸，跨越城市干道、轨道等屏障，实现织补片区步行系统，缝合南北社区的功能。

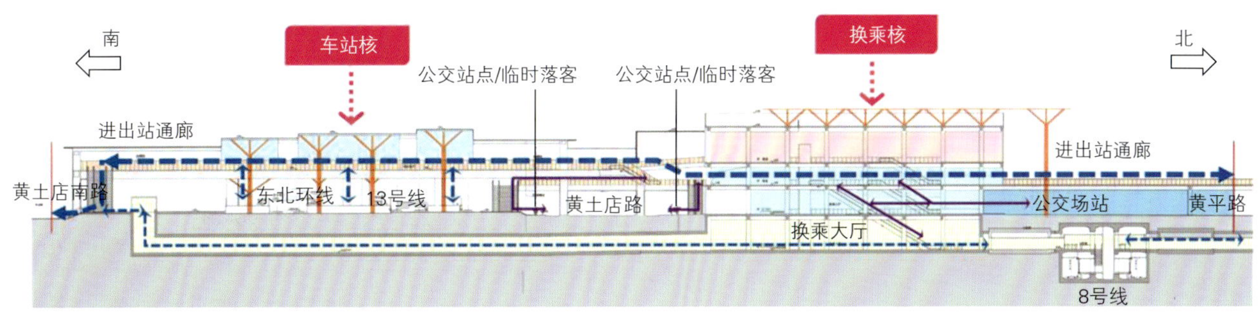

霍营交通枢纽内人行换乘示意图

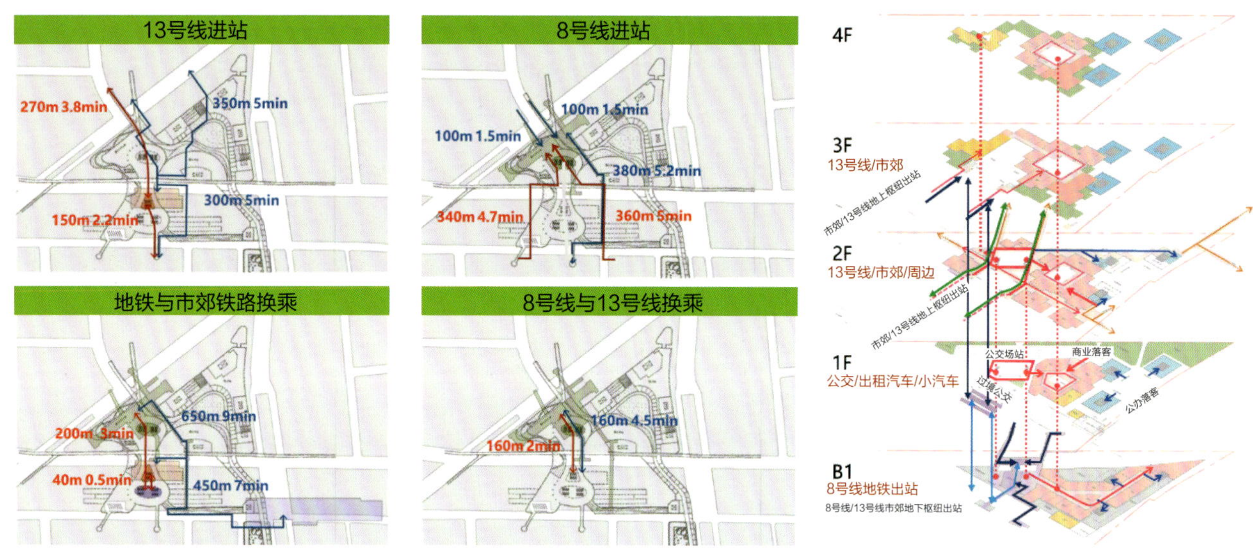

霍营交通枢纽人行组织示意图

■ 快慢分离，交通有序

将小汽车、出租汽车等车辆的上落客功能及公交站功能，均设置在东西向交通功能较弱的黄土店路、黄土店南路以及地块内部，避免对城市主干路交通运营造成影响，实现枢纽抵离交通与过境交通的快慢分离。

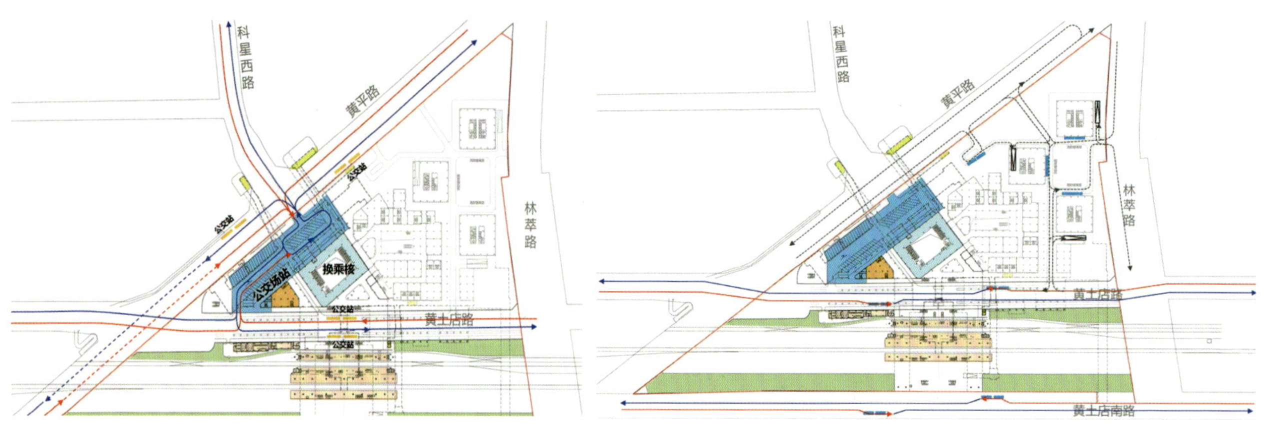

霍营交通枢纽公交、上落客设施布局及流线图

4.1.3.3 经验启示

Experience enlightenment

城际、城市轨道交通整合的综合交通枢纽，在设计中应重点关注乘客进出站和各种交通方式之间换乘的便捷性和舒适性，避免人车冲突。在交通设施布局中应统筹考虑，宜采用集中整合设置方式，在实现无缝接驳的同时提升换乘便利性。在枢纽改造设计过程中，既要注重解决枢纽现有问题，也要考虑周边区域的诉求，在合理的情况下一并解决，实现枢纽与城市的相互包容。

4.1.4　典型案例：苹果园综合交通枢纽

Typical Instance: Pingguoyuan Integrated Transport Hub

4.1.4.1　基本信息

Basic information

苹果园综合交通枢纽，位于北京市石景山区中部，北邻金苹路，南靠阜石路，东侧为金顶东路，西侧为规划支路，是《北京城市总体规划（2016 年—2035 年）》确定的中心城重要交通枢纽之一，是连接北京市区、门头沟区的交通集散中心，也是服务 2022 年北京冬奥会和冬残奥会的重要交通配套设施。该枢纽是一座集轨道交通、快速公交、常规公交于一体，包括出租汽车、小汽车、非机动车、步行等多种交通方式相互接驳，并与开发相结合的综合客运枢纽，是以换乘功能为主的北京市中心城西部重要的大型交通枢纽，可实现轨道交通 1 号线、6 号线和磁悬浮 S1 线“三线换乘”。枢纽建设用地面积 4.81ha，可满足全日总客运量 90 万人次的换乘，将是北京市日发送量最大的城市客运枢纽。

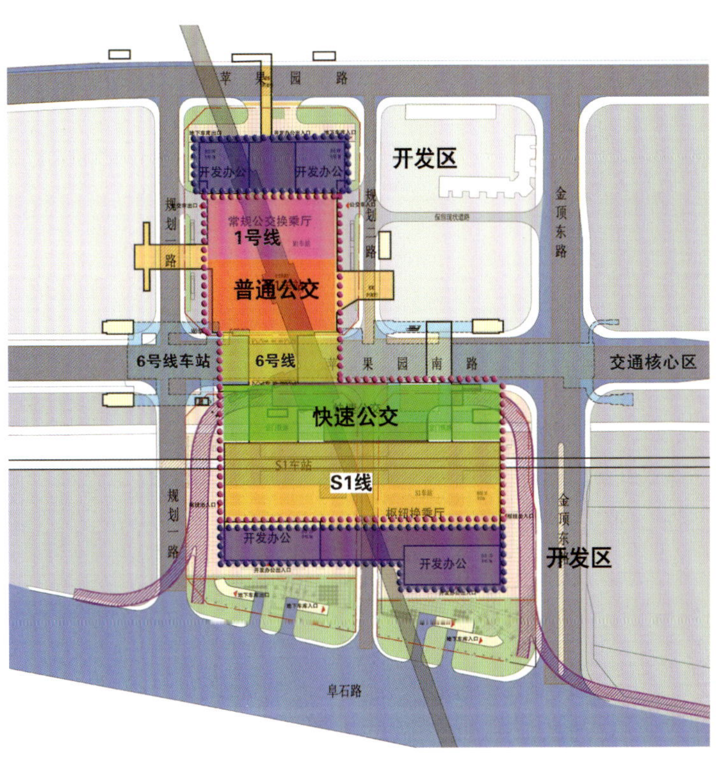

苹果园综合交通枢纽总平面布局示意图

4.1.4.2　设计方案

Project design

■ 公交优先、便捷换乘

优先考虑公共交通的就近、均衡布置，将换乘量较大的常规公交、快速公交与 1 号线、6 号线、S1 线等公共交通设施共同形成就近换乘的中部交通核心区；合理预留一南、一北两处大片落地开发空间，使交通与开发实现一体化功能布局，实现枢纽与开发的双赢。

苹果园综合交通枢纽效果图

■ 均衡布置，分散压力

充分利用用地条件，将普通公交设置在苹果园南路北侧，利用既有 1 号线车站改扩建，形成与常规公交大客流换乘核心；将快速公交设置在苹果园南路南侧，形成与快速公交以及 S1 线的大客流核心。分别设置南北两个换乘核心，有利于客流就近换乘，车流均衡组织，分散道路交通压力。

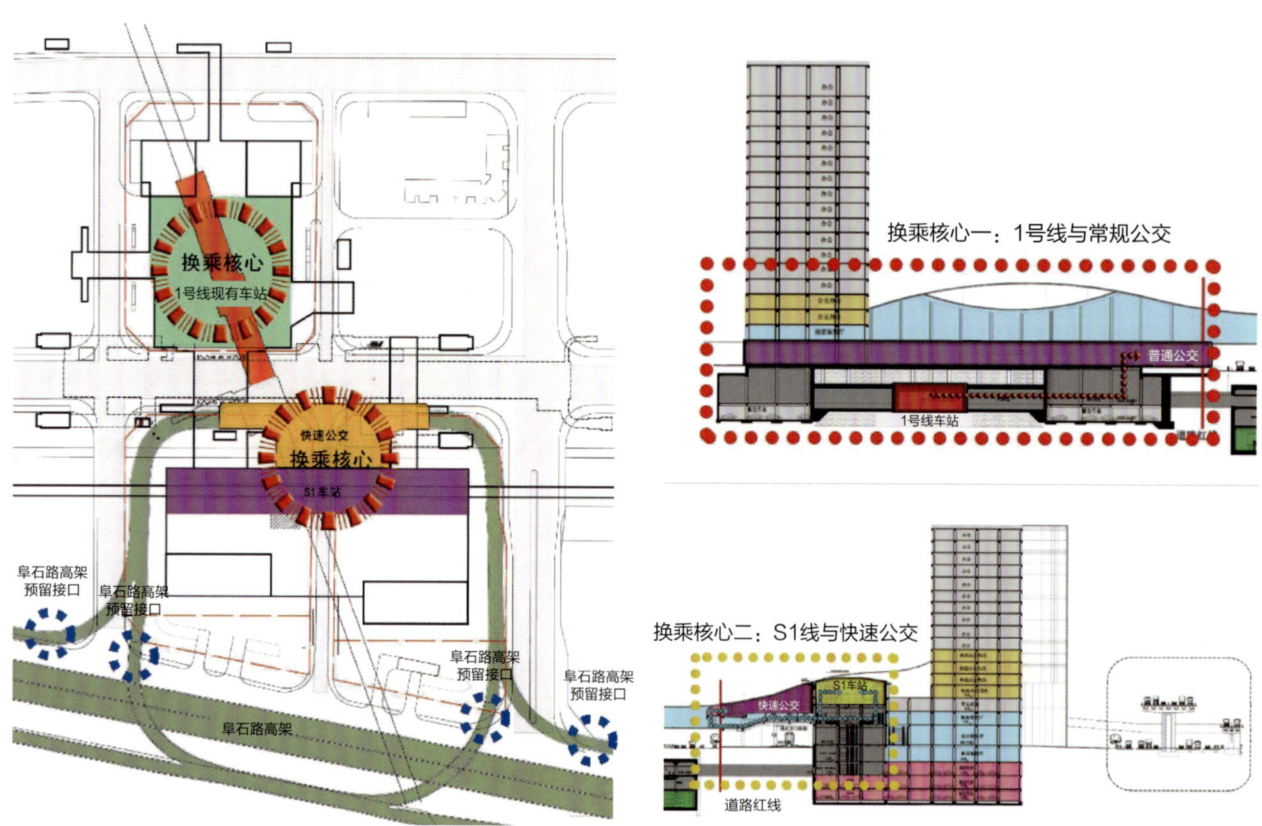

苹果园综合交通枢纽南北换乘核心布局示意图

■ 公交专用，避免干扰

快速公交利用阜石路高架接驳，快进快出，减少地面交通压力；将规划一路、规划二路设置为公交专用路，避免社会车辆与公交车辆相互干扰。公交流线本着“哪个方向来，哪个方向去”的原则，最大限度降低交通压力。

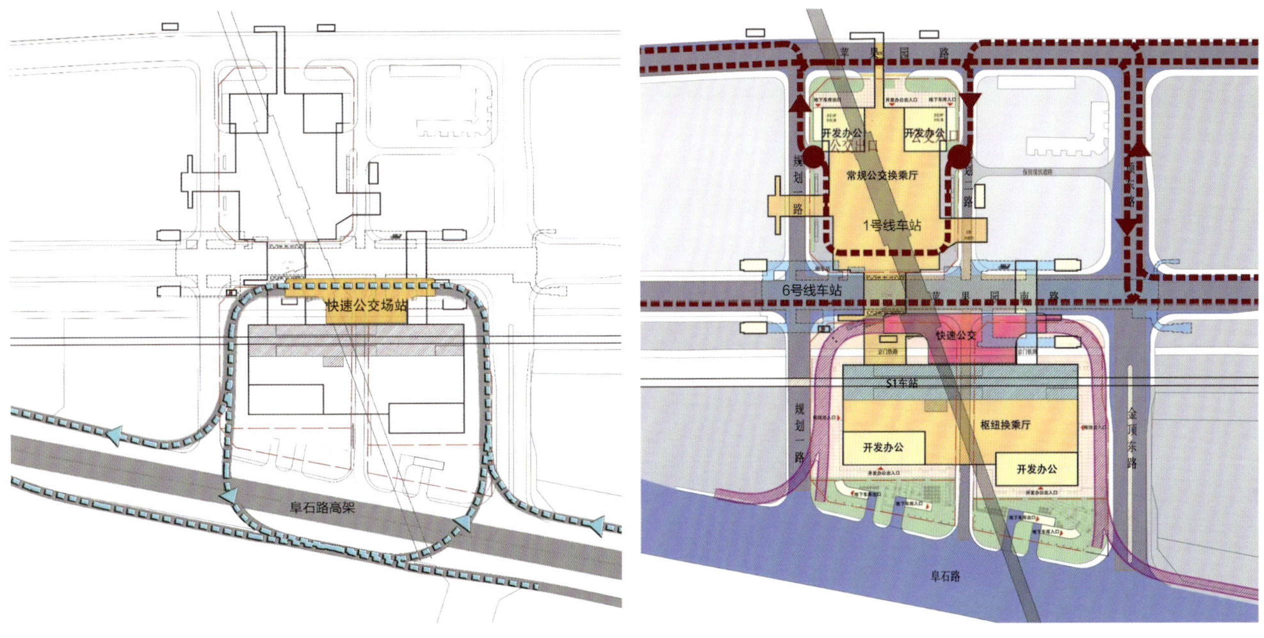

苹果园综合交通枢纽公交流线组织示意图

枢纽机动车辆车行出入口的设置，避开苹果园南路、苹果园路等城市干路以及周边交通瓶颈点，尽量分散布局；“P+R”车辆、出租汽车、开发车辆等机动车流线协调组织，减少相互冲突。

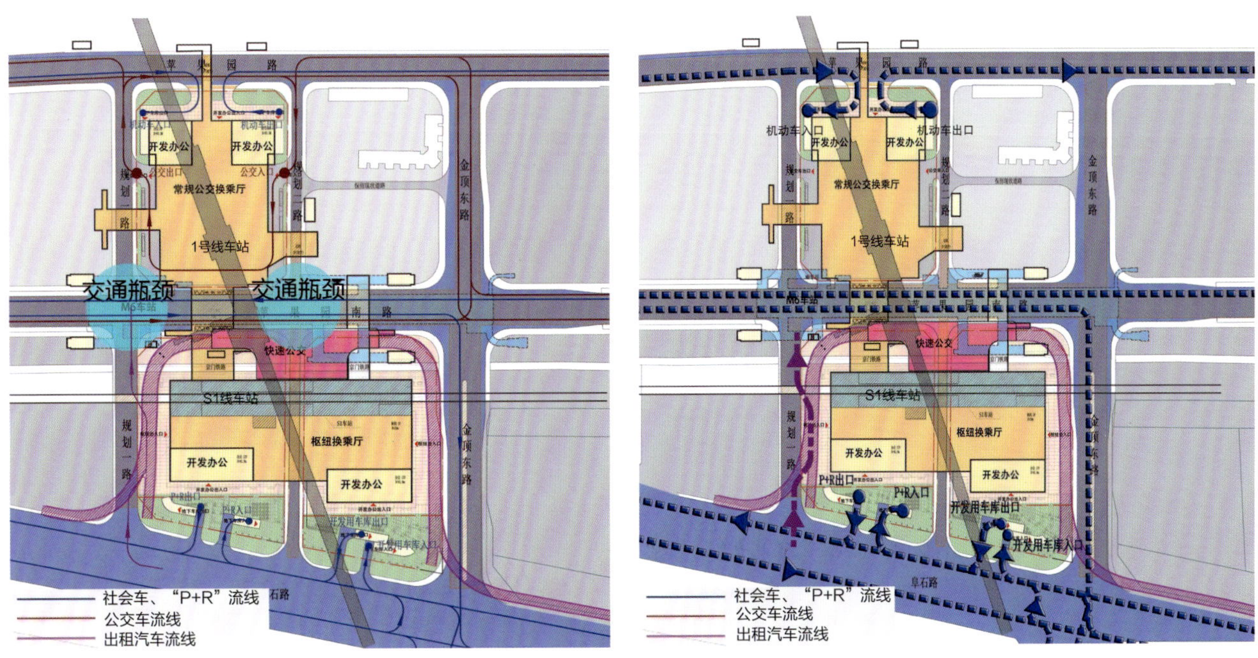

苹果园综合交通枢纽机动车流线组织示意图

■ **立体步行，提升环境**

充分利用公共交通的出行优势，建立立体多层步行系统，实现人车分流，提升步行交通环境，提高枢纽运行效率。在保障安全的前提下，立体步行系统可实现大客流间的便捷换乘，保持换乘距离在 30~150m 的舒适距离内。

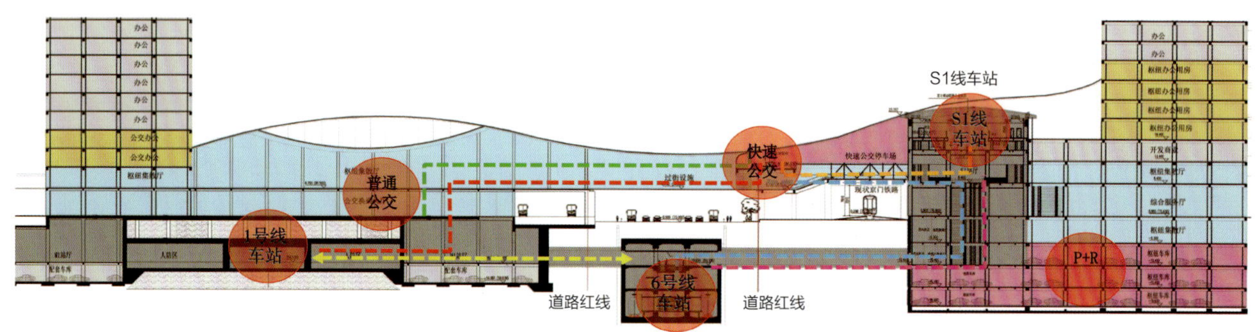

苹果园综合交通枢纽立体步行系统示意图

4.1.4.3　经验启示
Experience enlightenment

苹果园综合交通枢纽在设计过程中，坚持站城融合，一体化设计理念，采取“公交优先、以人为本”的设计策略，将换乘量较大的公共交通设施就近均衡布置，有利于就近换乘，缩短换乘距离，提升换乘舒适性，促进乘客公共交通出行意愿。利用公共交通出行优势，设置立体步行系统，实现人车分流，便捷换乘，提升枢纽运行效率。在机动车交通组织设计中，采用立体分层、规避交通瓶颈点、协调组织车辆流线等多种方式，有效降低交通压力。枢纽设计要结合区位交通条件，坚持公交优先、以人为本，一切从人的尺度出发，精准用户画像，精细一体化设计。

4.1.5　典型案例：呼和浩特站
Typical Instance: Hohhot Railway Station

4.1.5.1　基本信息
Basic information

呼和浩特站位于锡林郭勒北路和车站东、西街的交叉路口，大里程端伸进呼和浩特市火车站站前广场，为地下三层岛式站台车站，外包长度 195m，标准段宽 22.9m。车站共设 4 个出入口，两个出入口分别沿车站东、西街布置，均在红线外；另外两个出入口位于火车站站前广场。车站设 2 组风亭，1 号风亭设置于锡林郭勒北路东侧绿地范围内，在红线外布置；2 号风亭设置于站前广场范围内，均为低矮风亭。小里程端设置 1 个地面风冷冷水机组，位于 1 号风亭组新风井旁。车站设计远期早高峰客流量约 20109 人次。

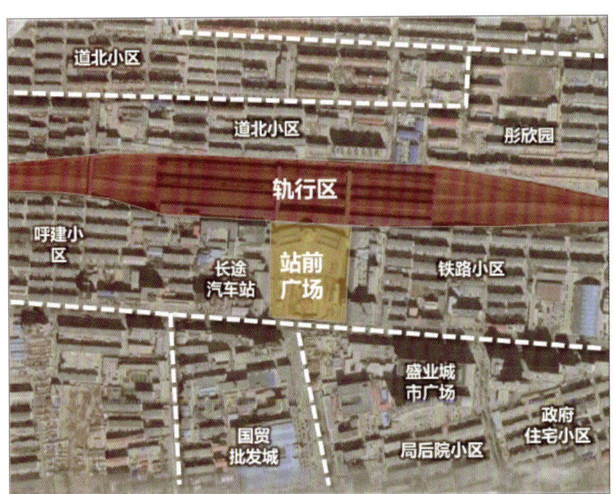

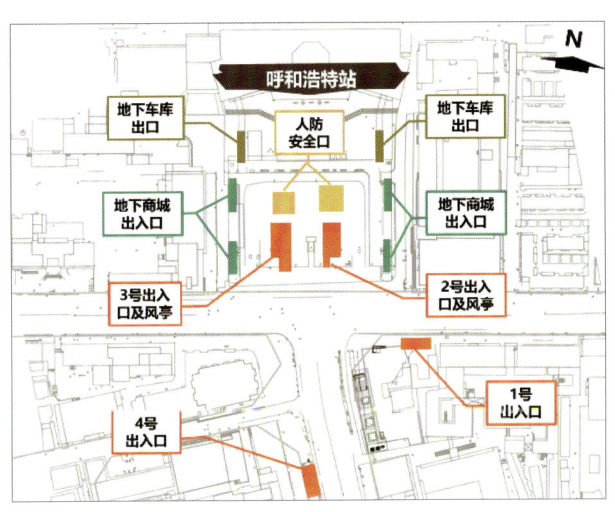

呼和浩特站区位、功能、设施布局示意图

呼和浩特站效果图

4.1.5.2 设计方案
Project design

■ “几”字方案、东进西出、一停一行、多方式分离

由于出入口等轨道交通结构占用了原站前广场部分空间，借由轨道交通车站建设契机，重新规划利用站前广场。方案将公交线路及出租汽车泊位引入站前广场道路，形成几字形道路，使非人行空间最大化。并建立了三个圈层。第一圈层：靠近车站处设置公交车停车站台，停车位 6 个，转弯半径 12m；第二圈层：设置出租汽车一停一行两组落客区，含车位 14 个，即停即走；第三圈层：站前广场最外侧设置小汽车落客区，含车位 6 个，并设置两条通过车道，即停即走。

呼和浩特站外围交通组织示意图

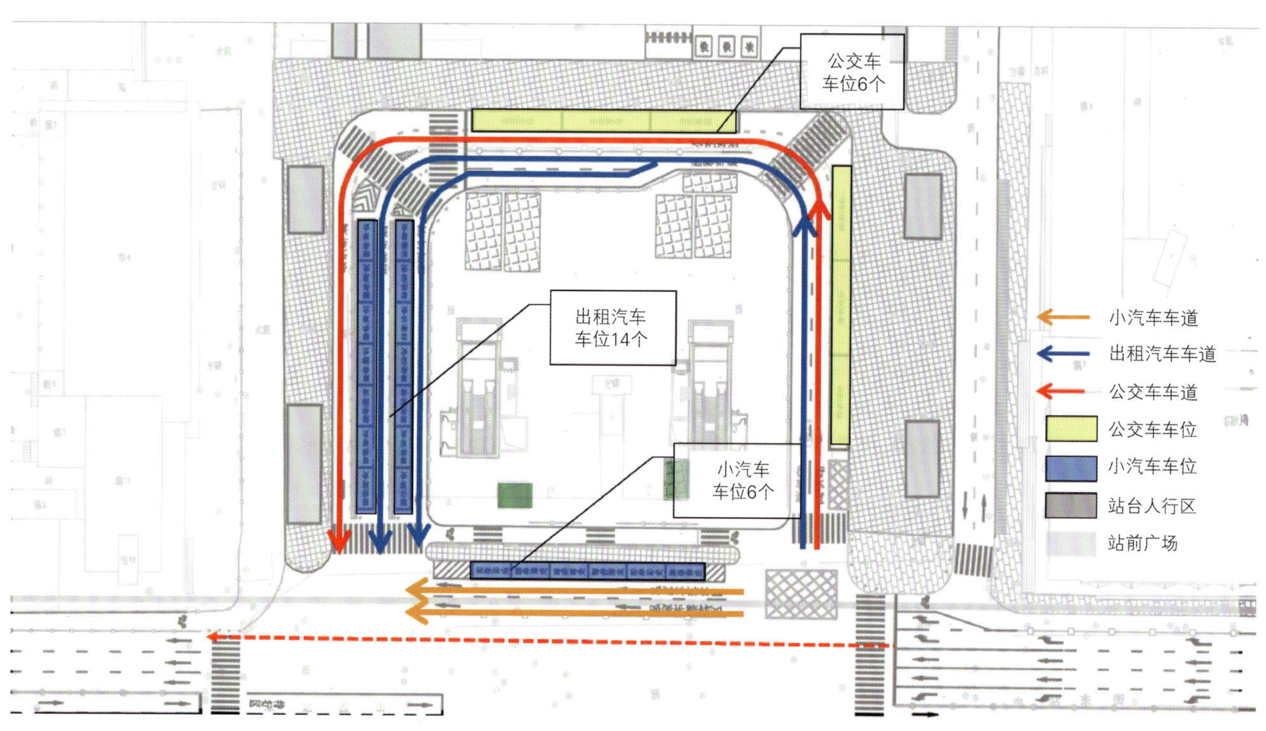

■ 近期调整上客区，远期利用南侧地块设置上落客停车区

原上客区缺乏专用区域，挤压在道路出口道区域，距离交叉口只有 20m，且秩序混乱，易造成出口道拥堵。近期将原始上客区西移 60m；占用商铺前道路、宽敞人行步道作为人行等候区；设置接驳车位 11 个，加装电子警察，限制长时间停靠。远期利用东南角地块，地面设置上落客停车区，地下建设三层停车场，增加小汽车停车区，地下结构与轨道交通车站出入口一体化设计。

■ 与铁路在地下直通

负一层为还建人防草原地下商城，隔出 750m² 做换乘大厅，建设连接火车站进出入口的地下通道，实现火车站与轨道交通车站的地下换乘。

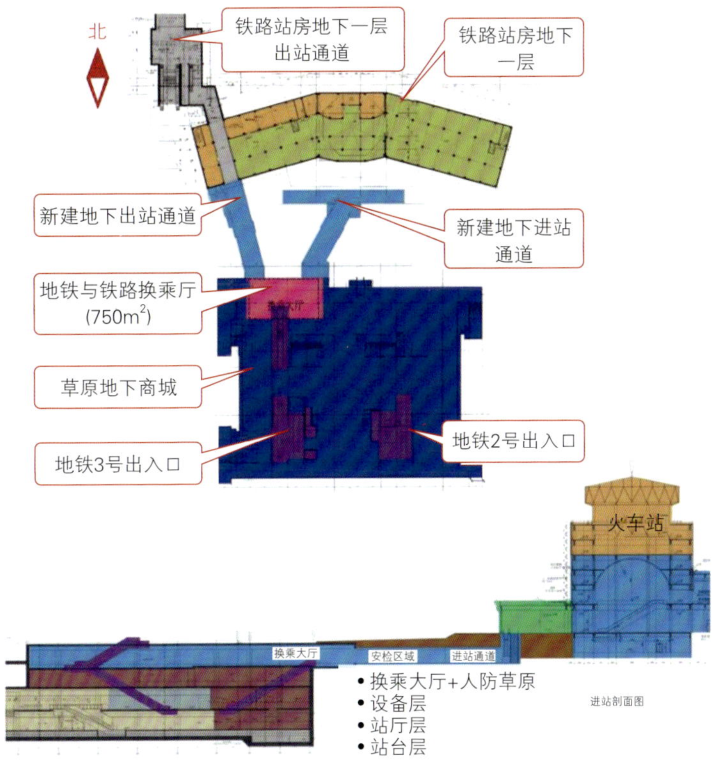

呼和浩特站地下人行换乘示意图

■ 功能分离，专区专用

在设置公交、出租汽车、小汽车专用区域的基础上，进一步优化慢行接驳。将站前广场设置为非机动车禁停区，既能充分保障步行功能，又可考虑景观的功能，减少在广场正向视野设置非机动车停车对城市面貌的影响。

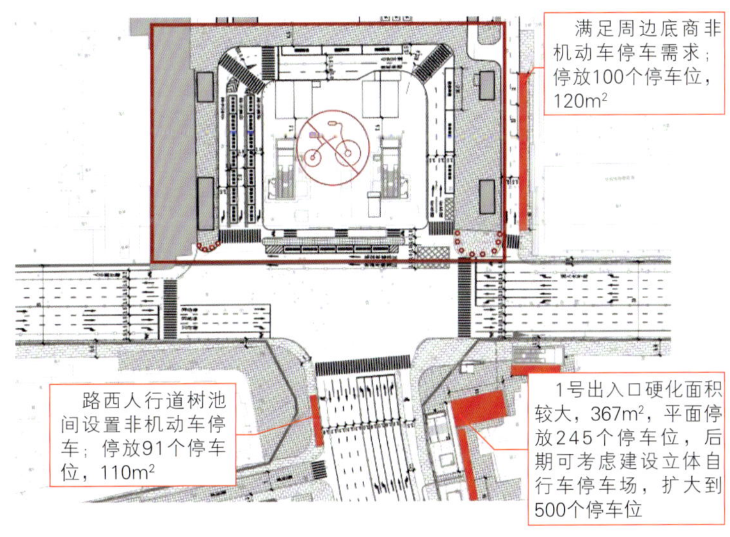

呼和浩特站非机动车停车示意图

4.1.5.3　经验启示
Experience enlightenment

铁路车站是城市对外的窗口，加快建设城市轨道交通与火车站地下直通道，是实现火车站交通接驳有序化的关键。为实现专区专用，减少交织冲突，在站内加强标志标线引导，增加栏杆实现人车分离和机非分离。火车站周边设置协管员，并且考虑引导车站东街的过境交通流量绕行其他路线（例如海拉尔大街），动态调整交叉口信号控制，多方面、多角度保障城市交通枢纽运行顺畅。

4.2 功能混合类 Mixed Function

功能混合类的轨道交通车站具有客源类别混杂、出行需求多样的特点，其交通接驳体系要注重完善设施供给和高效利用空间。提升站前景观性、休闲性、标志性，打造高品质接驳广场，融合多种接驳方式，提升广场场所感与体验感；重视与城市慢行系统的接驳，形成以空间为导向的立体快捷流线。

4.2.1 设计原则 Designing Principles

4.2.1.1 注重与交通接驳设施的高效转换 Pay attention to the efficient conversion with transportation connecting facilities

紧凑布局交通接驳设施，缩小接驳设施与车站出入口的设置距离，实现轨道交通与其他交通系统的高效转换。

4.2.1.2 车站出入口与街道景观及周边环境的整合 Integration of station entrance and exit with street landscape and surrounding environment

将交通接驳设施与街道景观相融合，增加绿化景观、休闲设施，连接街道各个活力空间。

4.2.1.3 营造步行友好的城市活力空间 Create a walking friendly urban vitality space

通过地下、地面和地上三个维度进行慢行连接，串联轨道交通车站周边主要功能区和建筑，形成友好、便捷的慢行体系。

4.2.2　典型案例：花庄站

Typical Instance: Huazhuang Station

4.2.2.1　基本信息

Basic information

花庄站位于北京通州环球影城东侧，为北京市轨道交通八通线、7 号线和城际联络线的三线换乘站，是功能混合类车站，起到京津冀地区与环球影城的接驳功能，同时解决张家湾地区居民出行需求。

4.2.2.2　设计方案

Project design

■ 交通一体化设计策略

花庄站的交通设计理念是与环球影城联合打造熟读文化旅游的新名片。在这一理念下，提出了城际转换大厅连接车辆段、使用人车分流下穿隧道越过六环路、使游客人群无缝连接各个地标的设计策略，在这一策略下，合理布局绿化天台、客运停车场、城际转乘大厅、公交枢纽服务楼和下沉广场。

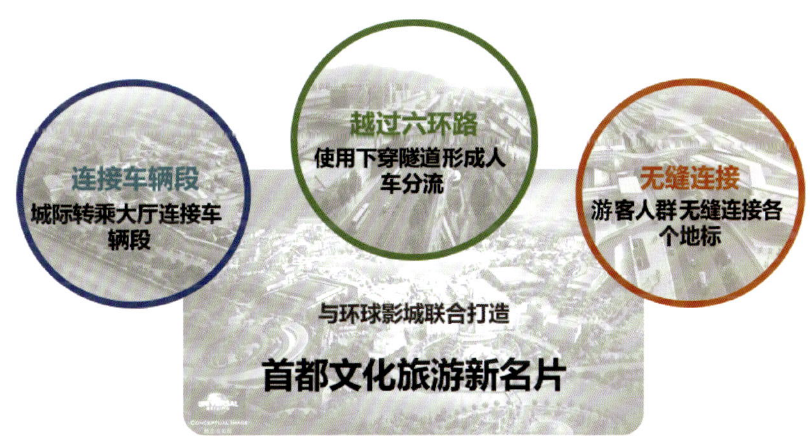

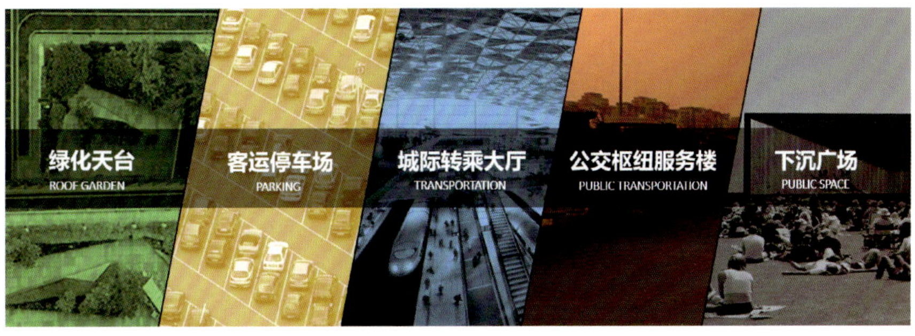

交通一体化设计策略

车站一体化构想

城际车站地面设公交枢纽与社会停车场，一体设计为综合体建筑。综合体与轨道交通车站的附属出地面建筑通过下沉广场消隐，与城市空间相融合。

车站一体化构想

依托交通一体化打造高品质的城市慢行系统

六环西侧路按主路标准设计，西侧设地面广场，东侧设下沉广场，打造高品质的慢行系统。

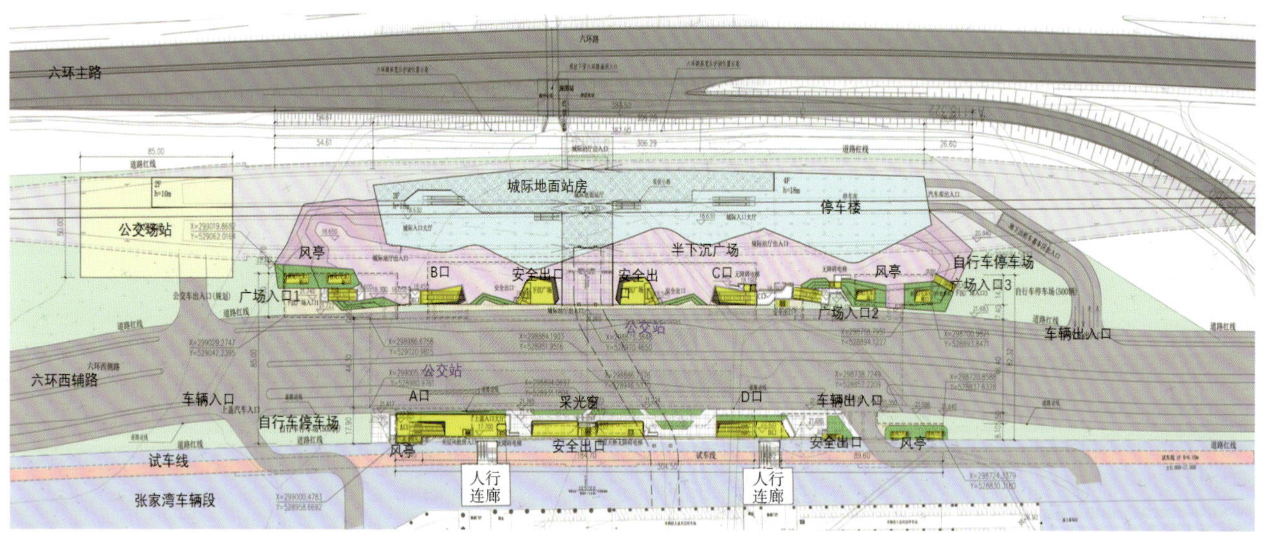

慢行体系

接驳上盖与综合枢纽的天桥成为文旅区新地标

车辆段上盖与城际车站通过天桥可更充分接驳，为市民提供快捷搭乘公共交通的条件。

天桥

■ 张家湾车辆段上盖综合利用

多种业态，复合空间，为区域发展带来活力。

小街区——建设密集街道网络，打造人性化街区，优化步行、骑行和机动车交通流；

公共交通导向型开发——将人口集中在公共交通周边，开发适宜步行的混合用途街区；

混合用途——创建功能混合社区和片区，缩短出行距离。

车辆段上盖

4.2.2.3　经验启示
Experience enlightenment

■ 城市轨道交通与城市铁路共同打造高品质接驳广场：休闲、趣味、标志性的场所感与体验感

接驳广场设计示意图

现状　严肃、呆板、对称

愿景　车站与城市融合
优化换乘流线，车站广场延伸为城市公共空间
车站与周边地块无缝衔接，提升周边空间品质

■ 车站建筑与城市建筑相融合：从碎片建筑到连续街景

现状 车站附属设施占用街道空间
车站附属设施与周边环境冲突
自行车停车场等接驳设施破坏景观

愿景 整合车站出入口与街道景观及周边环境
消隐车站其他附属设施
自行车停车场等接驳设施

车站与建筑结合设计示意图

■ 地上空间与地下空间相渗透：以空间为导向的快捷流线

现状 步行网络与机动车流线的交叉
机动车流线绕行
流线复杂，不易识别

愿景 机动车空间最小化，以空间为导向
形成安全和完整的步行网络
简化流线选择流程，提高容错性

地下空间连通示意图

4.2.3 典型案例：嘉会湖站

Typical Instance: Jiahuihu Station

4.2.3.1 基本信息

Basic information

嘉会湖站位于北京市轨道交通 17 号线线路末端，规划区域核心范围内以商业、多功能用地为主，外围以市政、交通用地为主，规划方案保留绿廊，增建公园、文化休闲场所、SOHO 办公区、人才公寓等，用地功能较为混合，创造舒适生活

环境和公共空间。

4.2.3.2　设计方案
Project design

打造特色会客厅，创新、研发、医疗集聚中心。

■ 步行、非机动车为主的绿色出行

嘉会湖站核心区域内通过地下、地面和地上三个维度进行慢行链接。地下慢行区域链接三个轨道交通车站，地面街坊步道链接各个区域组团，地上通过二层廊道串联各个主要建筑和轨道交通车站，形成完善和宜人的步行空间。打造300m步行舒适圈，串联各个轨道交通车站、功能区和主要建筑，形成完善便捷的慢行体系。

车站本身通过“城市核”有序联系轨道交通车站、公交首末站及周边塔楼的地下空间，形成高效便利的中心换乘交通和立体化的步行网络，考虑人的尺度的街区建设，创造充满生机的城市空间。

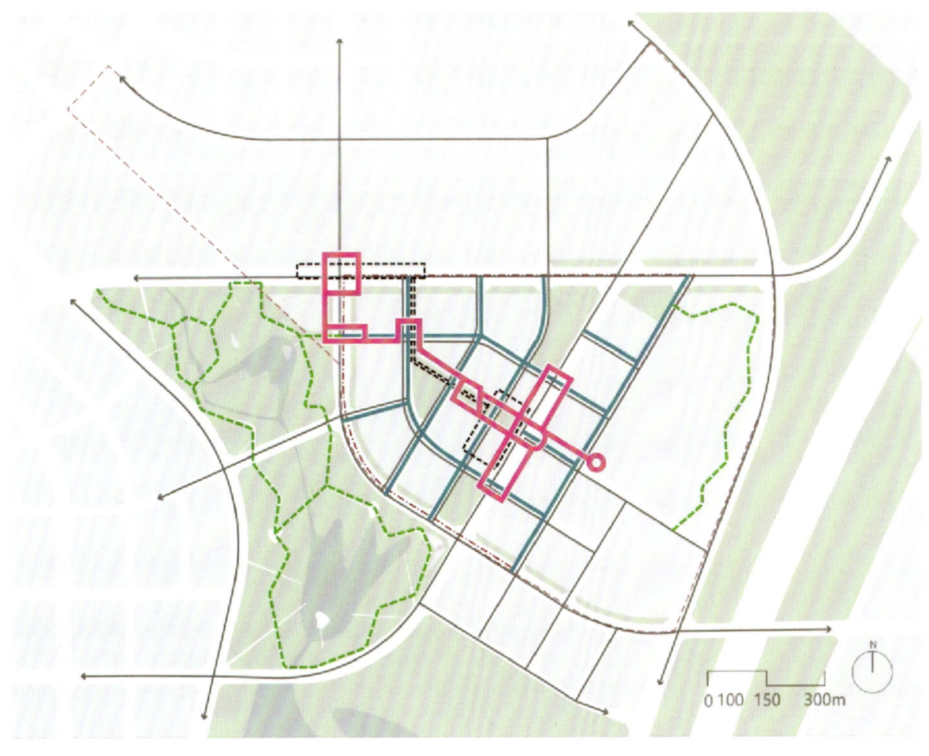

嘉会湖站慢行体系

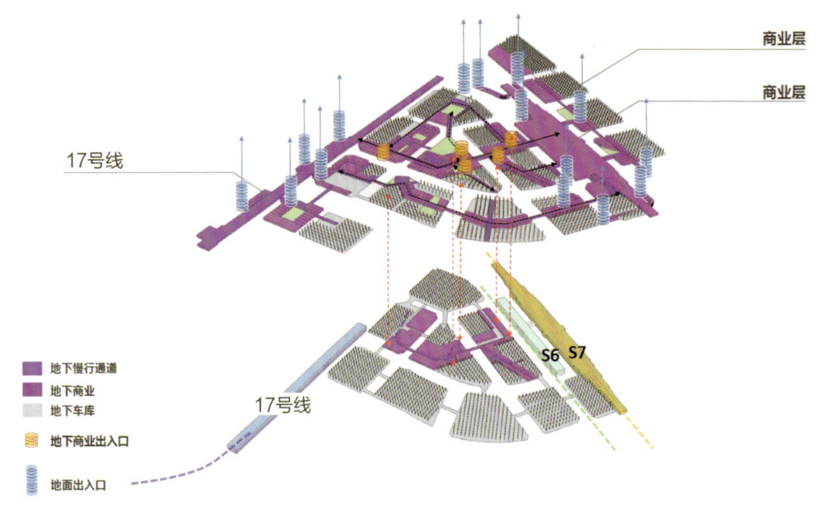

嘉会湖站地下空间

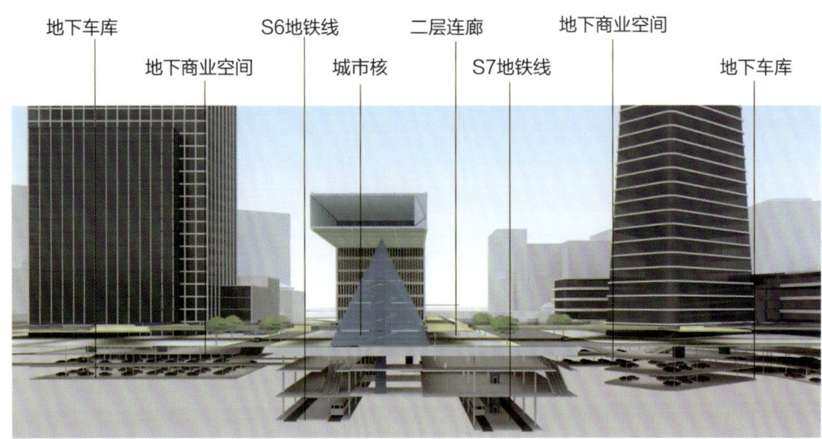

嘉会湖站“城市核”应用

■ 十字天街，创意高线公园

构建二层步行系统，连接各个活力空间，增加景观、休闲设施，形成高线公园活力带。

嘉会湖站创意高线公园

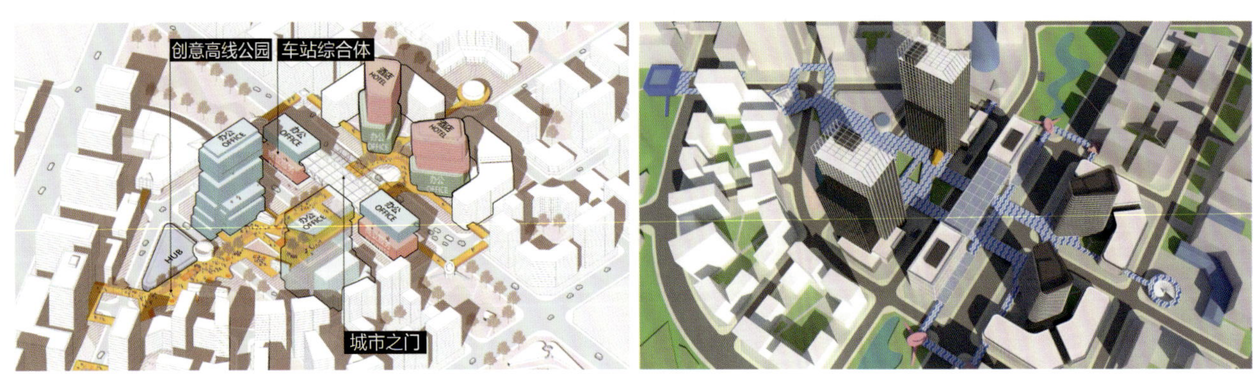

■ 高品质街区

打造多彩多样的街区生活，提升公共空间整体品质。

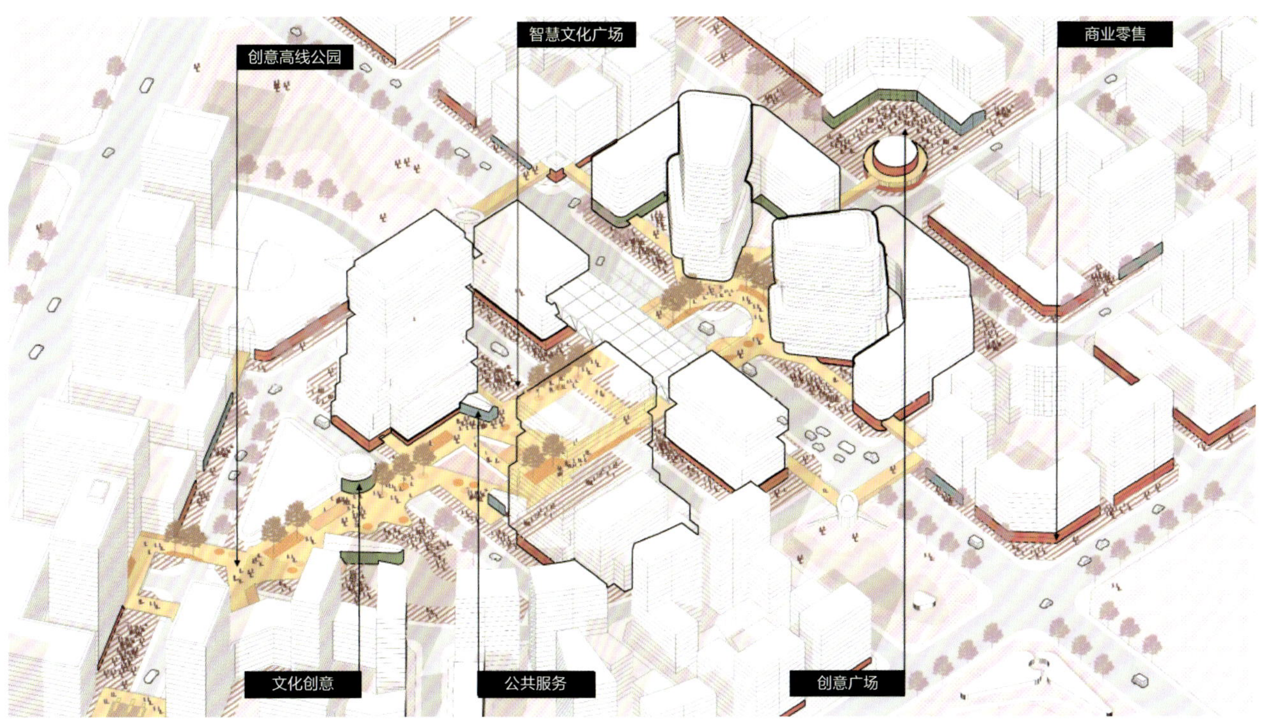

嘉会湖站多彩街区生活

嘉会湖站高品质的公共空间

■ 绿色网络构建

结合街边绿地、生态廊道规划不同尺度和不同氛围的公园，满足居民交往、健身、亲子、娱乐等不同需求，构建绿色健康网络。

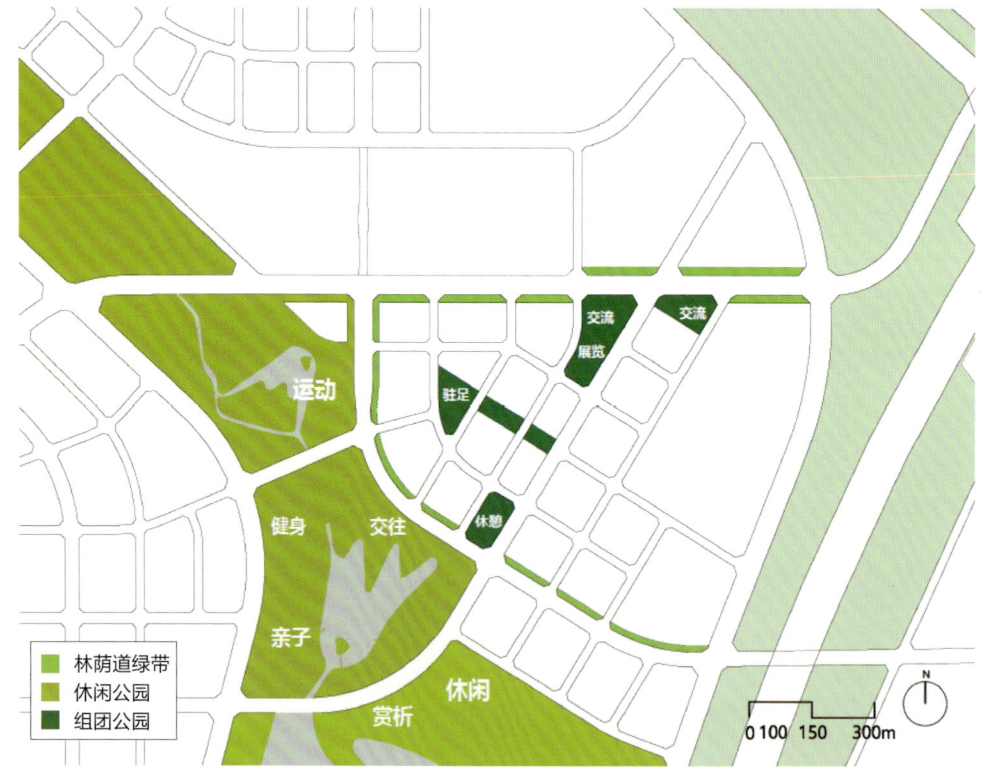

嘉会湖站绿色网络构建

4.2.3.3 经验启示
Experience enlightenment

嘉会湖站位于城市外围区域，又是线路的末端站，周边可开发利用地块较多，具有较强的可塑性。为打造“城市会客厅”理念，车站周边规划功能业态较复合，除满足交通需求外，兼顾品质生活需求，设置公园及绿廊，构建绿色网络，又注重生活需求多样化，打开公共空间，提升街区整体品质。

4.2.4 典型案例：大学西街站
Typical Instance: Daxuexijie Station

4.2.4.1 基本信息
Basic information

大学西街站位于呼和浩特市锡林郭勒南路与大学西街的交叉路口，沿锡林郭勒南路布置，为地下二层岛式站台车站。车站共设 4 个出入口，分别位于锡林郭勒南路道路两侧；其中，1、2 号出入口位于锡林郭勒南路东侧，3、4 号出入口位于锡林郭勒南路西侧。车站西北侧为规划绿地及居住用地，现状为都市华庭小区，东北侧为规划商业及居住用地，西南侧及东南侧均为商业用地，现状为商场，周边地块基本实现规划。

4.2.4.2　设计方案
Project design

■ 总体布置方案

大学西街站周边道路建设完成，利用现状道路进行接驳。布设非机动车停车场 4 个，共 313 个车位，占地 $608m^2$。周边道路车流量较大，设置 K+R 停车位对道路交通影响较大，故未设置 K+R 停车位；恢复现状公交站 2 组 4 处，为港湾式公交站台及直列式公交车站台。

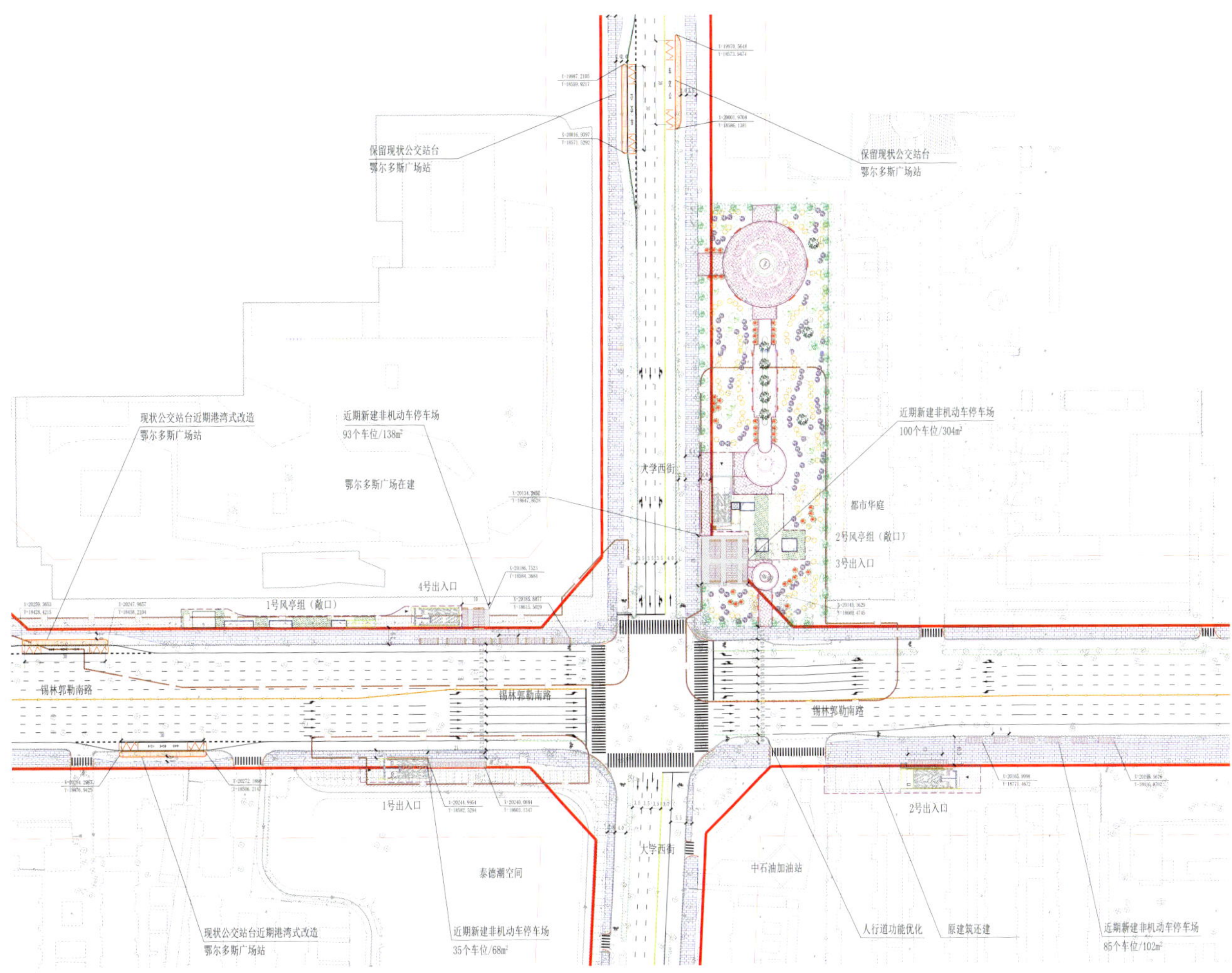

大学西街站接驳布置方案

■ 交通流线组织

步行流线主要通过车站出入口站前广场，然后进入人行步道，去往目的地。公交车上下客流线可通过港湾式公交车站台与步行道合理接驳。从北侧骑行来的乘客可以在 3 号口站前广场前停放非机动车后进入车站，从西侧骑行来的乘客可以在 4 号口站前广场停放非机动车，从东侧骑行来的乘客可以在 2 号口站前广场停放非机动车，从南侧骑行来的乘客可以在 1 号口站前广场停放非机动车。

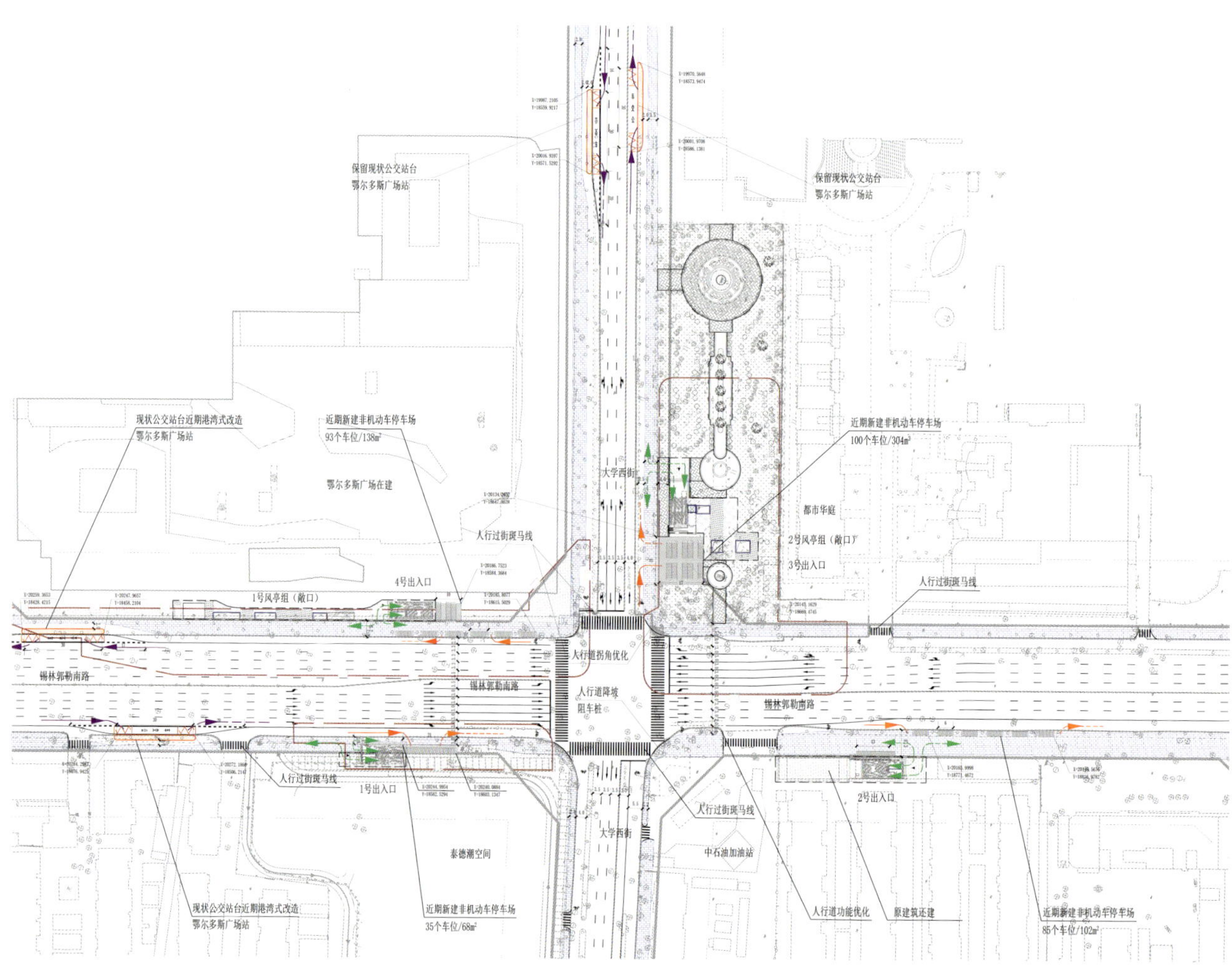

大学西街站交通流线组织方案示意图

■ 步行空间

各个出入口的乘客从轨道交通出入口可以通过小型站前广场到达步行道区域。在路两侧部分地块出入口处改造人行步道设施，增加步行道降坡及阻车桩，减少行人通行高差，同时方便行人推行非机动车进入停车区停放。港湾式公交站台后侧增加过街斑马线。

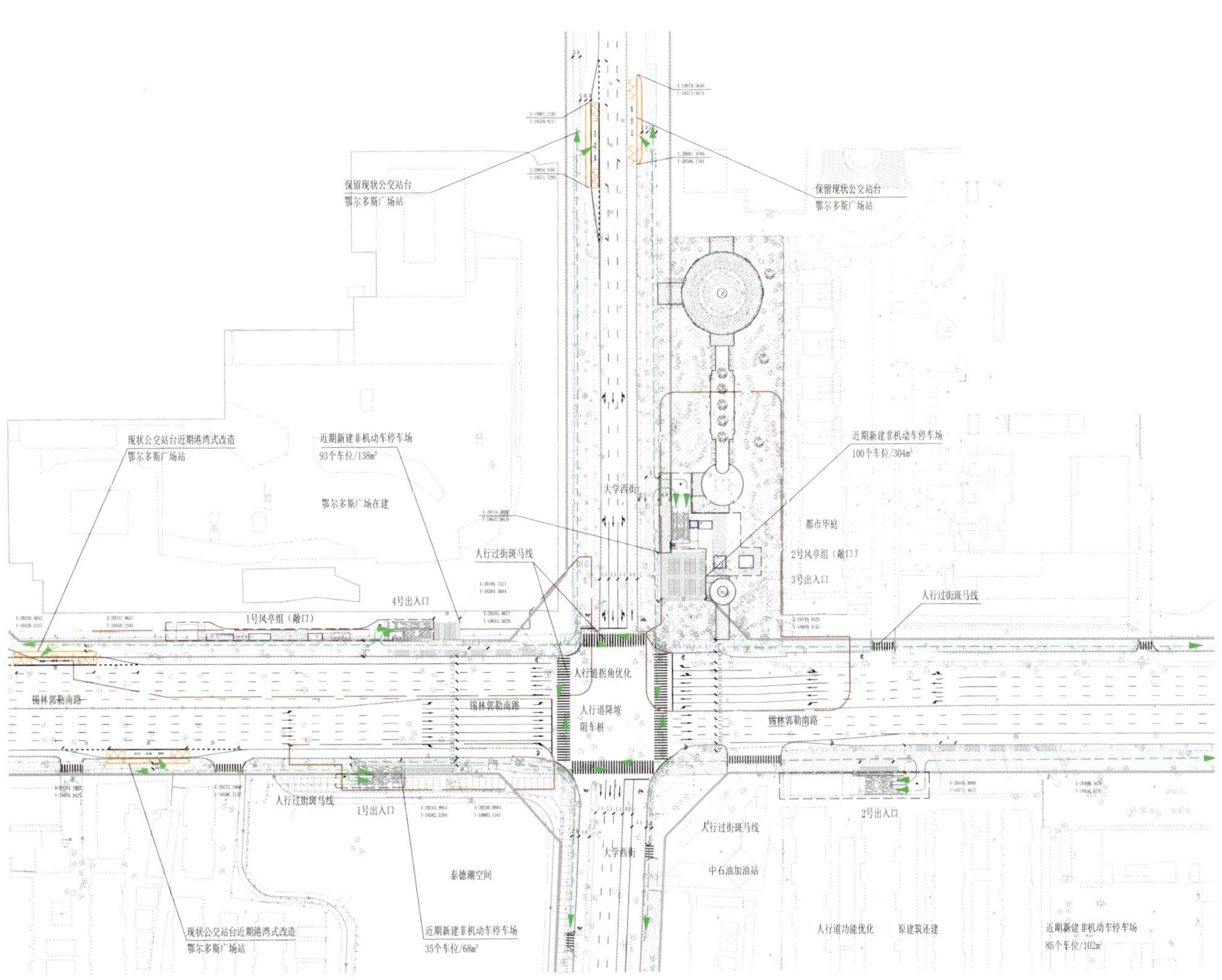

大学西街站步行空间设施及组织流线图

■ 景观设计

锡林郭勒路道路沿线以商业与住宅为主，需满足餐饮、购物、会面、休憩等行为活动，设置室外休闲座椅和沿街休憩空间，用较高品质的地面铺装等营造商业氛围，提升品质。通过建设口袋公园、小花园、微绿地等提升人们居住品质，创造绿色生态的幸福生活，提升人们的满意度与归属感。

大学西街站出入口景观设计效果图

4.2.4.3 经验启示

Experience enlightenment

大学西街站位于城市中心片区，为以居住为主的功能混合类车站，接驳重点考虑步行、非机动车和公交等绿色交通方式服务。其中，公交优化原则为在规范和地形控制条件下，保障接驳功能，并尽量进行港湾式、扩大站台容量设计；非机动车停车区域布设原则为注重功能诉求和景观诉求；尊重现有整体景观风格，保持车站景观协调性，整体原样恢复，局部优化。

4.3　居住为主类
Residence-around Stations

居住为主类车站的客流呈现明显的双峰特征，即早高峰进站量明显大于出站量，晚高峰反之。故车站的接驳设计中需对高峰时段各类接驳设施的需求规模进行合理预测，充分考虑大客流状态下的接驳需求。

4.3.1　设计原则
Designing Principles

4.3.1.1　按规范标准设置接驳公交车站
Set up the bus station according to the standard

根据《轨道交通接驳设施设计技术指南》（DB11/T 1236—2015），车站接驳公交车站应设置在距离出入口50m范围内，有条件的地区应设置港湾式公交车站，用地条件紧张的可采用直线式公交车站。公交车站的设置应尽量降低对途经机动车及非机动车的影响。

港湾式公交站示意图

4.3.1.2 在不影响其他设施正常使用的情况下，按需设置非机动车停车设施

Non-motor vehicle parking facilities should be set up as required without affecting the normal use of other facilities

非机动车接驳服务范围一般为车站周边半径1～3km区域，需通过居住人群画像、出行流线等明确车站各出入口周边非机动车停车需求，划定停车范围，规范车站周边停车秩序。预留电动非机动车、摩托车专用停车区，并设置雨棚等防水装置。非机动车停车设施设置不得影响其他设施的正常使用。

4.3.1.3 适当设置临时停靠区域，满足出租汽车、网约车、接送车辆等停靠需求

Temporary parking areas can be properly set up to meet the parking needs of taxis, online ride-hailing and shuttle vehicles

根据车站接驳需求预测，宜设置1～2个临时停靠区以满足出租汽车、网约车、接送车辆的上落客需要。用地条件充足的地区宜采用港湾式停靠区，无条件地区宜采用直线式停靠区。停靠区域的设置应尽量不影响沿路非机动车、公交车等正常行驶。

港湾式停靠区示意图

4.3.2　典型案例：果园站
Typical Instance: Guoyuan Station

4.3.2.1　基本信息
Basic information

果园站位于北京市通州区北苑南路与翠屏西路交叉口东南角，为轨道交通 1 号线八通线的一座高架车站，于 2003 年 12 月投入使用。车站周边分布有达富苑小区、金源泉、北苑南路小区、雅丽世居、新华联家园、翠屏北里等多个小区，为典型的居住为主类车站。

4.3.2.2　设计方案
Project design

果园站周边的接驳原本存在流线混杂、慢行通道受阻、接驳设施不足、缺乏公共空间及高品质附属设施等问题。改造方案为优化站前辅路，减少公共空间停车，并在站前设置上落客点，提高通行效率。同时，优化非机动车道，增设过街安全岛，疏通步行断点，取消步行障碍，改善慢行体验。

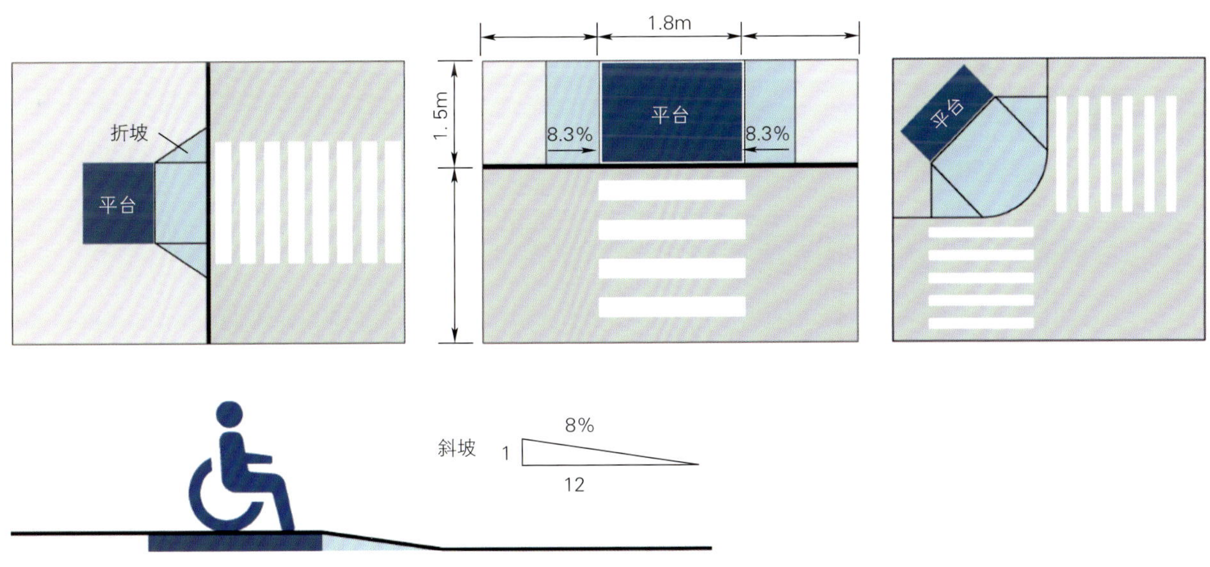

果园站不同应用场景下的无障碍设施

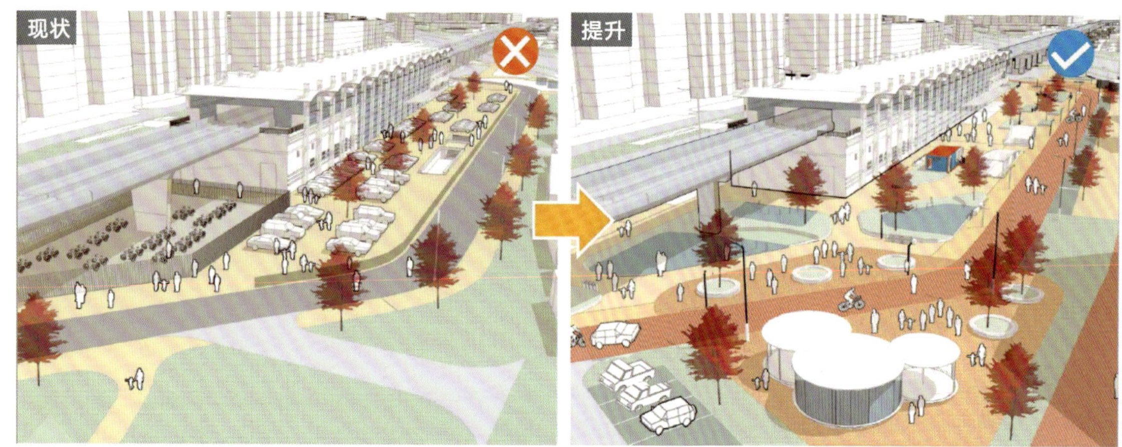

果园站人行广场

果园站优化非机动车道

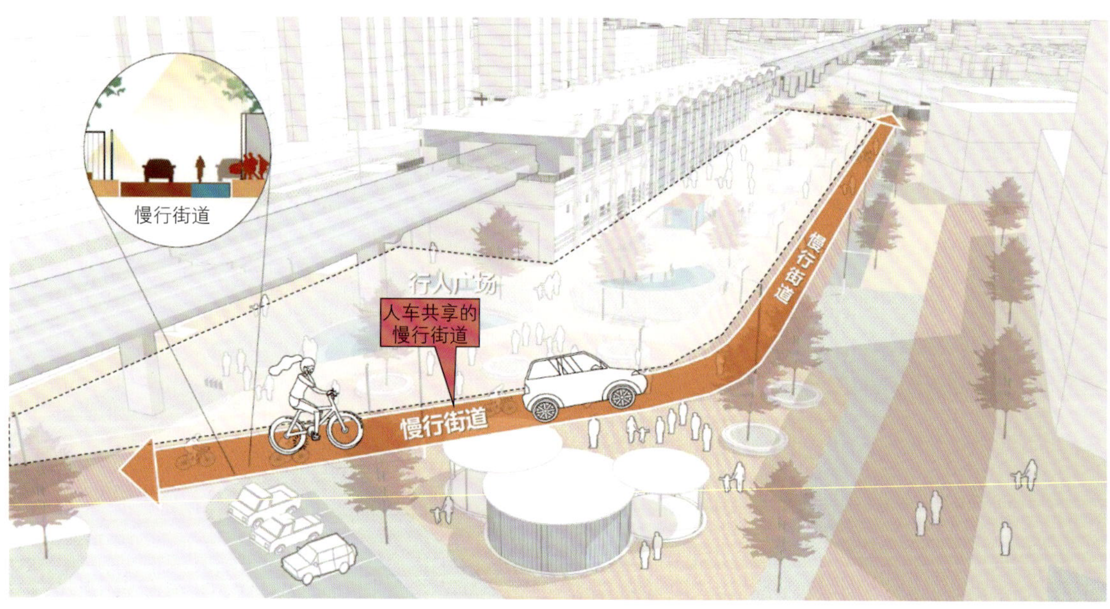

果园站改造站前辅路

果园站设置上落客点

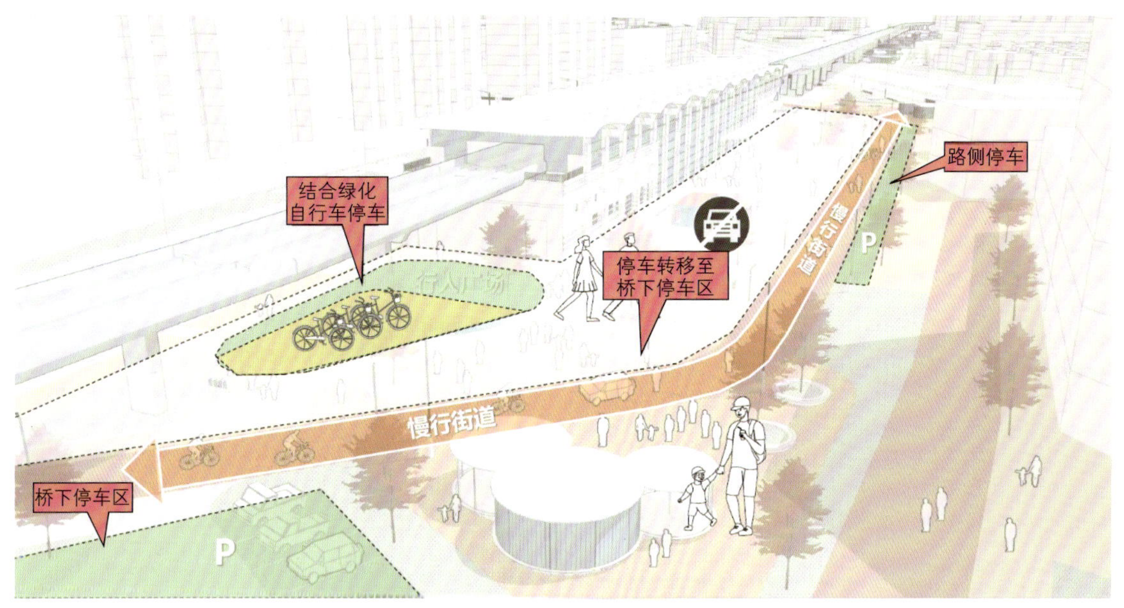

果园站减少公共空间停车，合理设置接驳设施

4.3.2.3　经验启示
Experience enlightenment

果园站改造站前辅路、取消站前停车、增加入口广场等举措将站前空间还给行人，同时新增桥下生态停车场，保证停车供给不受影响。同时，通过优化非机动车道、打开封闭空间疏通步行断点等改造，方便慢行接驳，引导更多乘客选择绿色交通方式出行。

4.3.3　典型案例：次渠北站
Typical Instance: Ciqubei Station

4.3.3.1　基本信息
Basic information

次渠北站位于北京市通州区铺西路与南北里中路交叉口，为轨道交通 17 号线的一座地下车站，于 2021 年 12 月随 17 号线的开通投入使用。车站周边分布有次渠北里、府东苑、玉江佳园、定海园等多个小区，为典型的居住为主类车站。

4.3.3.2 设计方案
Project design

次渠北站制定了绿色出行、高效便捷的接驳交通策略。将通马路、铺西路和南北里中路打造为景观大道，提升慢行舒适性，构建慢行友好的街道网络，并通过地块内的慢行街道网络，实现最快捷的“最后一公里”；地块内的慢行街道网络和丰富多样的街道界面，在实现交通便捷的同时，打造活力多元的魅力街道；通过开放、活跃、丰富的街道界面及多样、连续的公共空间，形成宜人的交通环境。

次渠北站车站接驳设计效果图

次渠北站慢行友好的街道网络

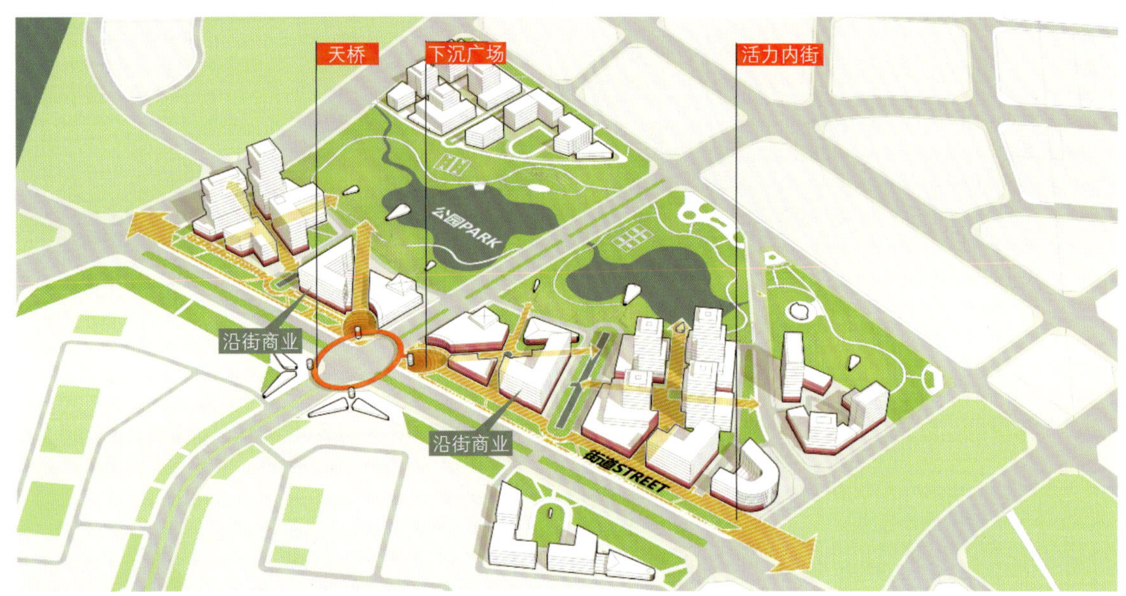

次渠北站高效便捷、多元共享的魅力街道

次渠北站开放街道及连续的公共空间

4.3.3.3 经验启示

Experience enlightenment

次渠北站作为近期开通的新建车站，周边交通设施处于待完善阶段，有较强的可塑性。慢行路网的构建拉近了轨道交通车站与周边居住的距离，提升了接驳体验。天桥及下沉广场的设置打通了步行断点，开放、连续的公共空间增加了周边地区的可达性。

4.3.4　典型案例：模式口站
Typical Instance: Moshikou Station

4.3.4.1　基本信息
Basic information

模式口站位于北京市石景山区金顶街街道，石门路与模式口大街交叉口北侧，模式口西里东侧。车站西北侧为模式口北里，西南侧为模式口西里住宅区及山地，东南侧为模式口南里住宅区，东北侧为模式口村平房区域，仅东北侧用地尚未开发实现规划。周边现状用地以居住、绿地（山地）为主；规划用地以居住、其他为主。

4.3.4.2　设计方案
Project design

整体规划以现状和保护区规划为指导，保留现状枝杈状胡同肌理，院落和建筑采用模式口大街传统民居尺度，整合零散多样的现状布局形态，力求与传统街区风貌融合。

北侧结合轨道交通出入口广场设置“驼铃广场”；南段结合路口及 B 出入口设置站前广场；车站出地面附属设施均结合古建筑一体化设计，保持整体空间风貌；其他区域依托历史街区布局和尺度采用“合院”的布局方式。轨道交通站厅层南侧地下高程 -12.5m，整体地下 2 层（局部车库 4 层），地上 1 层，地下一层与北侧夹层高程连通；随场地设置沿街带状慢行空间，转角隘口、胡同口等重要节点位置。

模式口站西北方向鸟瞰图

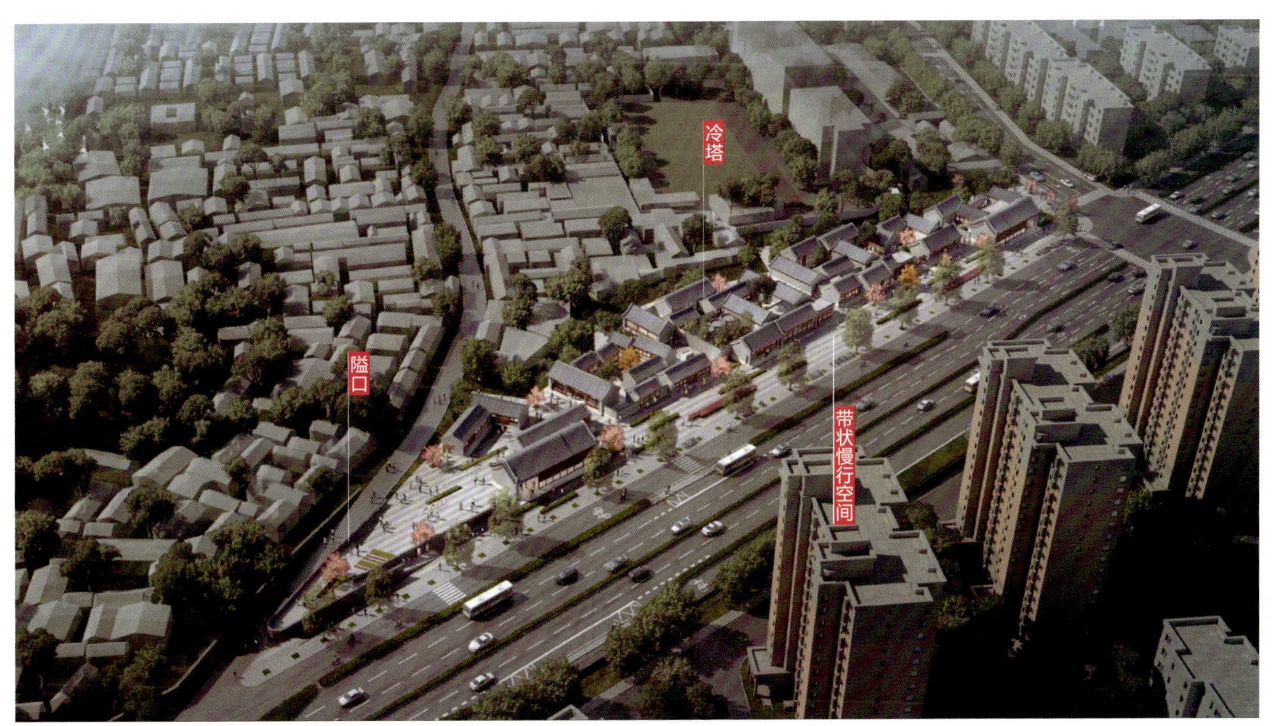

模式口站西南方向鸟瞰图

■ 空间综合利用

对地上地下剩余空间综合利用，地下拟设置一层配套服务、三层机械车库。

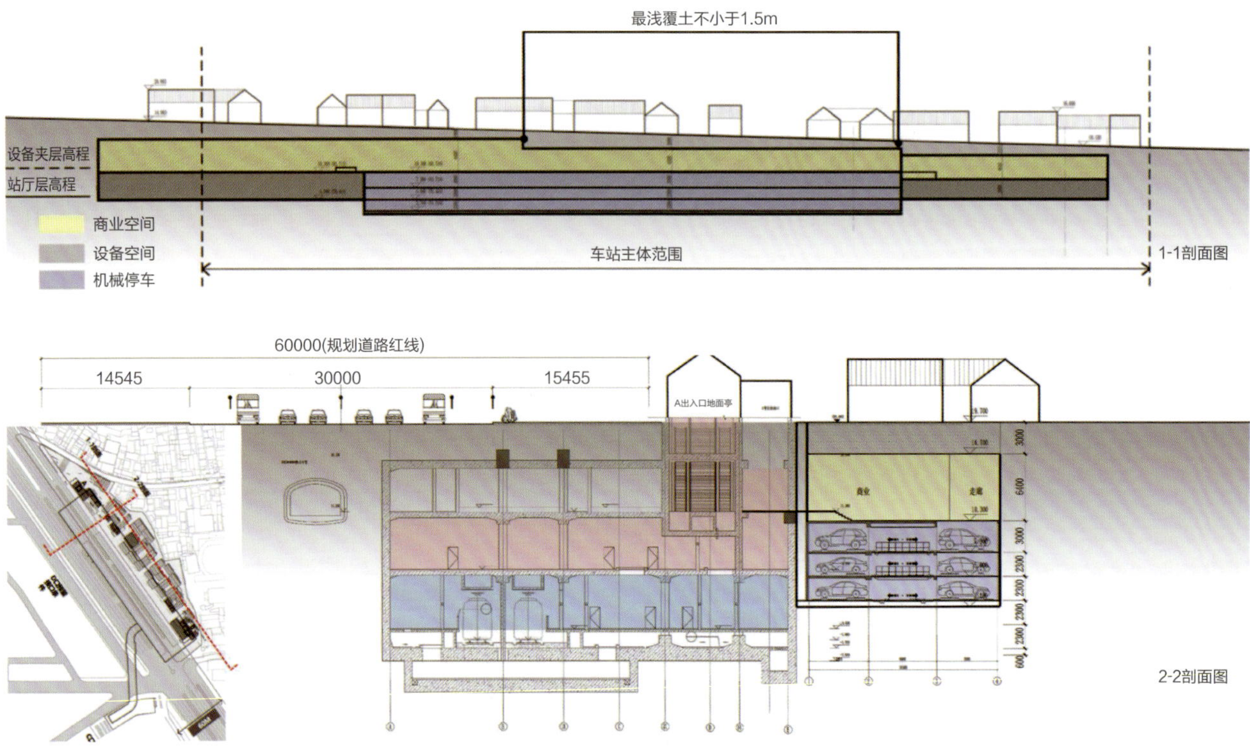

模式口站地上地下剩余空间综合利用（尺寸单位：mm）

■ 接驳客流特征及流线设计

模式口站周边居住区较多，开通年主要满足周边客流的通勤需求。

车站主要吸引周边 500m 范围内的通勤客流，500m 外东南侧客流主要前往金安桥站（换乘站）；由于模式口站为 11 号线西端北侧终点，因此主要吸引西北方向的客流（西北向的五里坨街道）。

步行接驳：小区出入口、用地分布决定主要的步行接驳出入口为 C 口（西侧）、B 口（东侧）。

非机动车接驳：B、C出入口主要服务周边小区短途接驳，A、D出入口服务西北五里坨街道非机动车接驳，且存在往返需求，私人非机动车比例高。

故步行、非机动车流线采用平面组织，结合规划道路组织，保留既有的自然胡同肌理。

公交接驳：B、C 出入口为现状公交车站的接驳出入口，但存在绕路往返行为，A、D 出入口更适合作为公交接驳出入口。

故公交和 K+R 流线结合拓宽后的石门路公交车站，即原路西首钢小区站北移 150m，公交站前增加临时停靠点。

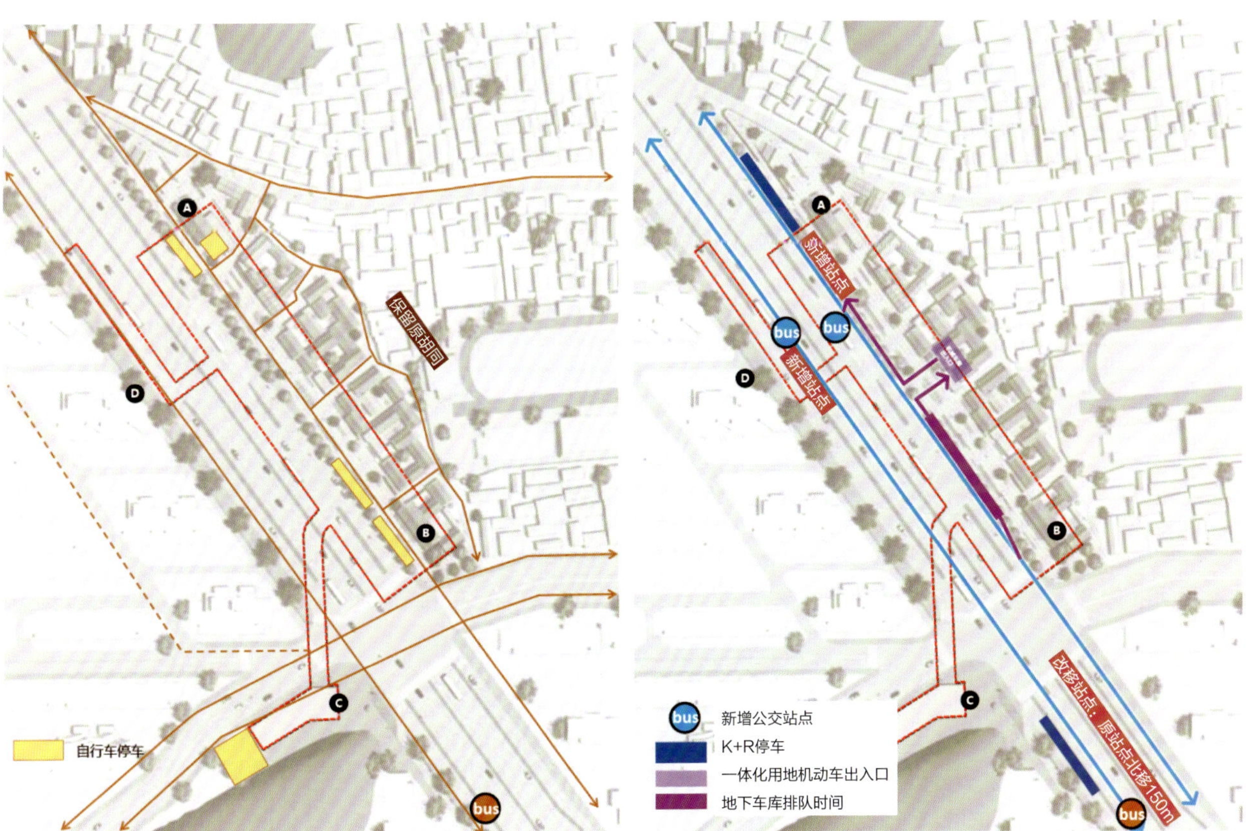

模式口站接驳流线设计

■ 景观整合设计

A、B 出入口与安全口、风亭组合，汲取模式口大街标志风格——传统明清民居特征，采用硬山卷棚屋顶、镂空花砖、木纹窗棂等元素打造特色入口；风亭出地面处放大，并压低整体高度，结合织补建筑侧向组织进排风。

模式口站 A 口景观整合设计

D 口西侧结合高挡墙设置出入口，增设公交车站实现三家店、五里坨居民进站。东侧为模式口历史文化保护区，侧墙选材以灰砖、花窗为基础，顶部采用带状混凝土压顶和灰色栏杆，与现状统一。

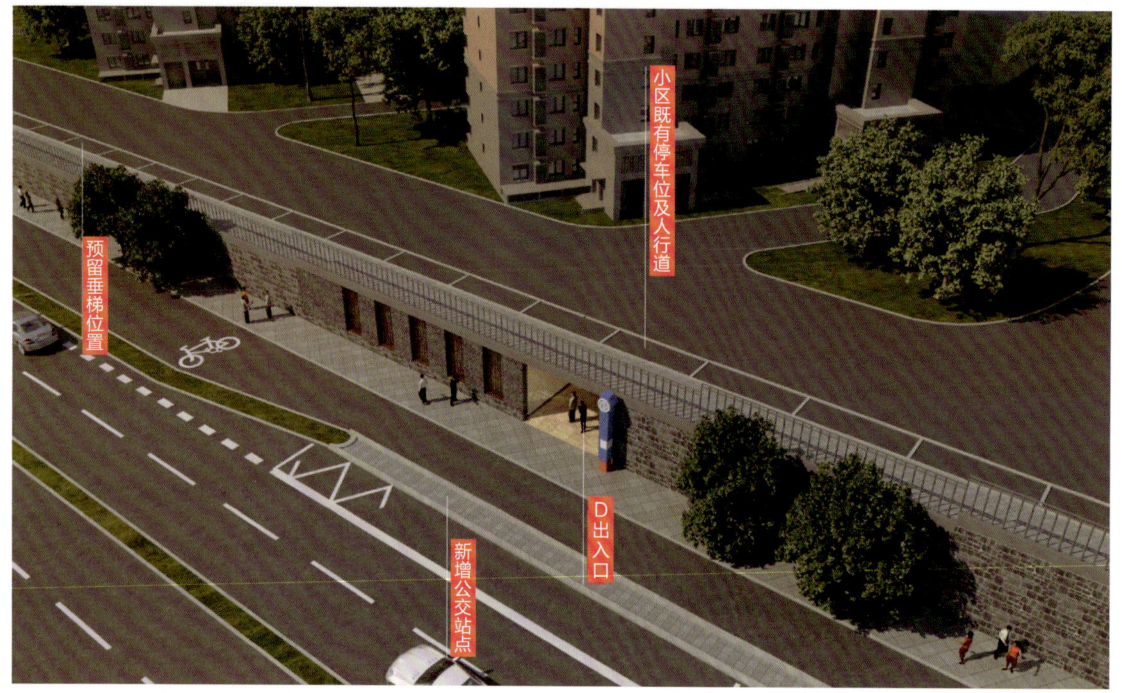

模式口站 D 口景观整合设计

4.3.4.3　经验启示
Experience enlightenment

模式口站的一体化设计主要注重功能提升及空间织补两个方面。

功能提升：地上地下剩余空间综合利用，织补缺失城市功能，增加模式口大街公共服务设施。

空间织补：将新的轨道交通建设和老城有机更新结合起来，利用景观风貌融合、高差消隐等手段，增加高品质城市公共空间，恢复历史风貌的完整性、连续性。

4.4　商业为主类
Commercial Development Station

商业为主类的轨道交通车站具有客源类别混杂、晚间高峰明显、慢行交互量大、人车动线交织、交通空间局促的特点，其一体化开发的核心在于以车站+商圈来促进周边土地资源价值最大化，打造区域核心。对于新建车站，在早期规划阶段，应充分考虑与周边地块的一体化“无缝联动”式设计，采用“空间早布局、业态早明确”的策略，最大限度提供服务的便利性。对于改造类车站，一体化设计必然受到车站场地、环境、周边商业体建筑既成事实的局限，应重点考虑将车站融入城市之中，打造为连接周边的公共空间平台。

4.4.1　典型案例：五道口站[1]
Typical Instance: Wudaokou Station

4.4.1.1　基本信息
Basic information

五道口站是北京轨道交通13号线拆分改造后13A线路南起第三座车站，为高架车站，位于成府路与荷清路交叉口东侧，成府路和原京张铁路交点的西侧，现状车站横跨成府路。现状周边为建成区，以商业和办公用地为主，紧邻地区级商业中心——五道口购物中心，高峰期间车站极其拥挤。一体化设计应重点加强立体过街功能，疏通桥下空间，打通区间过街客流，减少对周边道路交通产生影响。

[1] 该方案为阶段设计方案，最终实施方案会有所不同。

五道口车站定位为国际青年交往中心，以打造国际青年交往中心与服务中心为理念，营造贴合未来知识走廊氛围的厅 · 桥空间，完善天桥连廊，打造交通、交融、交流互动空间。五道口作为“宇宙中心”以及市级微中心，力在打造“名副其实”的地标；将车站与京张绿廊改造紧密结合，融入城市之中，形成不间断的高线公园；以完善提升区域交通功能为前提，缝合城市裂痕为目的，立体组织成府路—荷清路人车通行路由，彻底剥离成府路、荷清路人车混行问题；同时考虑将五道口车站改造与京张高铁桩基础紧密接驳，关注可实施性。

五道口站 TOD 一体化效果鸟瞰图

4.4.1.2 设计方案
Project design

■ 扩能改造车站本体，打造城区交通地标

13 号线拆分扩能五道口站站台，结合车辆扩编及站台向北加长，解决站台能力不足、乘客上不去车的问题；同时结合客流计算加宽站台面积至 600m^2，使得人均候车面积在 2.3m^2 以上，达到轨道交通服务评价的舒适标准；每侧站厅空间扩大至约 1700m^2，使得非付费区人均候车空间约 9m^2，从而解决站内拥堵、站外候检的问题；车站邻成府路一侧后退一跨，实现成府路宽度 60m 规划，同时临路创造更多共享空间，呼应“京张遗址公园”的节点空间。

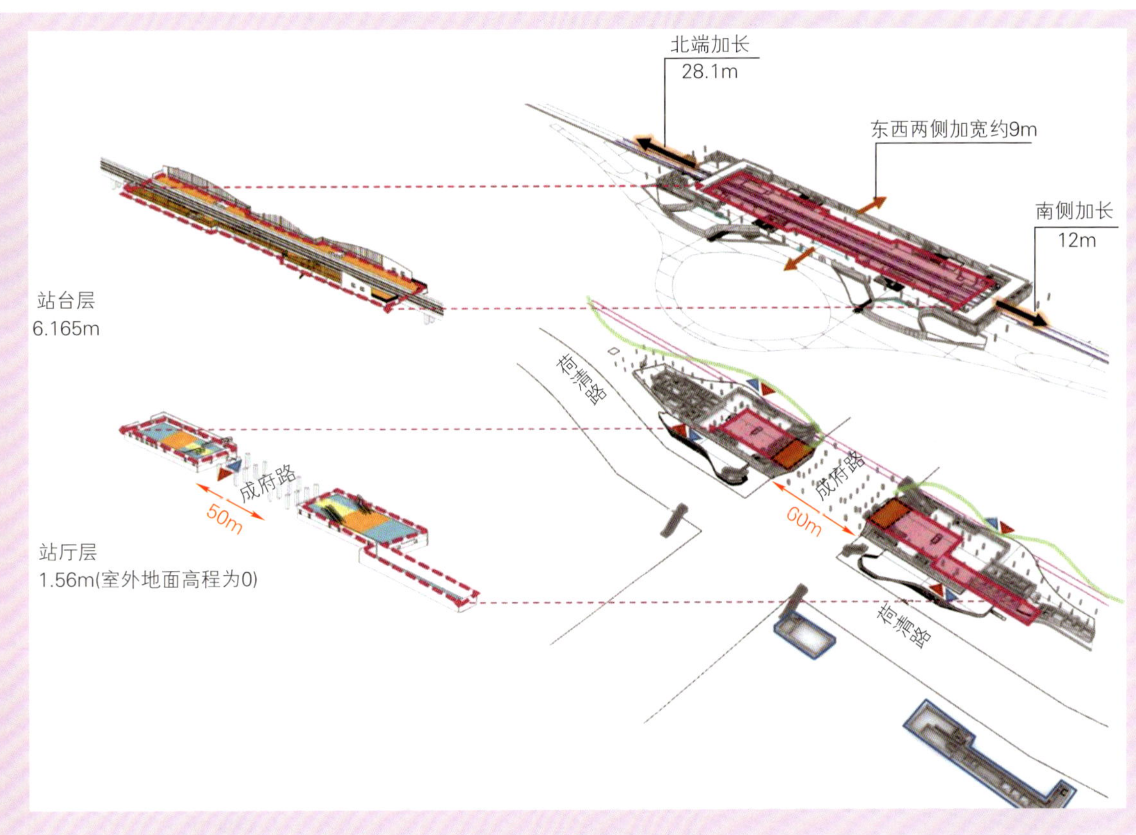

五道口站车站本体扩能示意图

■ 采用立体过街设计，打造城市共享大厅

采用立体过街天桥结合车站主体一体化设计，实现人车分层，立体组织乘客及行人过街，彻底剥离成府路与荷清路的进出站客流与过街客流、车行空间的平交关系，西侧强化二层进站空间，以“轨道交通 + 城市”共享大厅的公共空间模式引导西侧进出站乘客人车分层，以彻底解决西侧成府路—荷清路路口的人车交织问题；站台利用两端新建空间，增设跨轨天桥，以解决晚高峰 77.3% 的大客流西侧进站东侧乘车的需求。

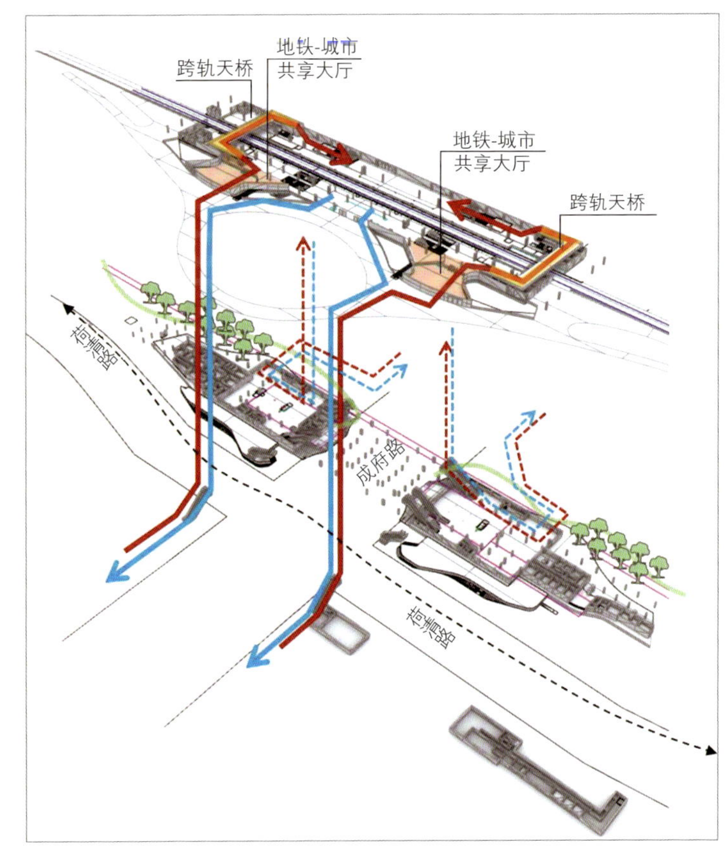

五道口站人行空间流线示意图

结合非机动车专用道，按需布设停车空间

利用城市道路两侧既有非机动车道，通过保障和提升路权、精细化设计交叉口、根据客流需求预留停车面积，保障接驳非机动车全部停车入位。紧邻京张绿廊及车站东侧出入口以及区间桥下布设，结合地块景观布置 300m^2+350m^2，便于京张绿廊步行及骑行爱好者以及东侧进出站乘客停车；紧邻自行车专用路，以共享大厅模式布置 350m^2+200m^2，便于车站西侧一层进出站乘客停车；紧邻自行车专用路，结合地块景观布置 250m^2+150m^2，便于西侧过街及进站客流的非机动车停放。

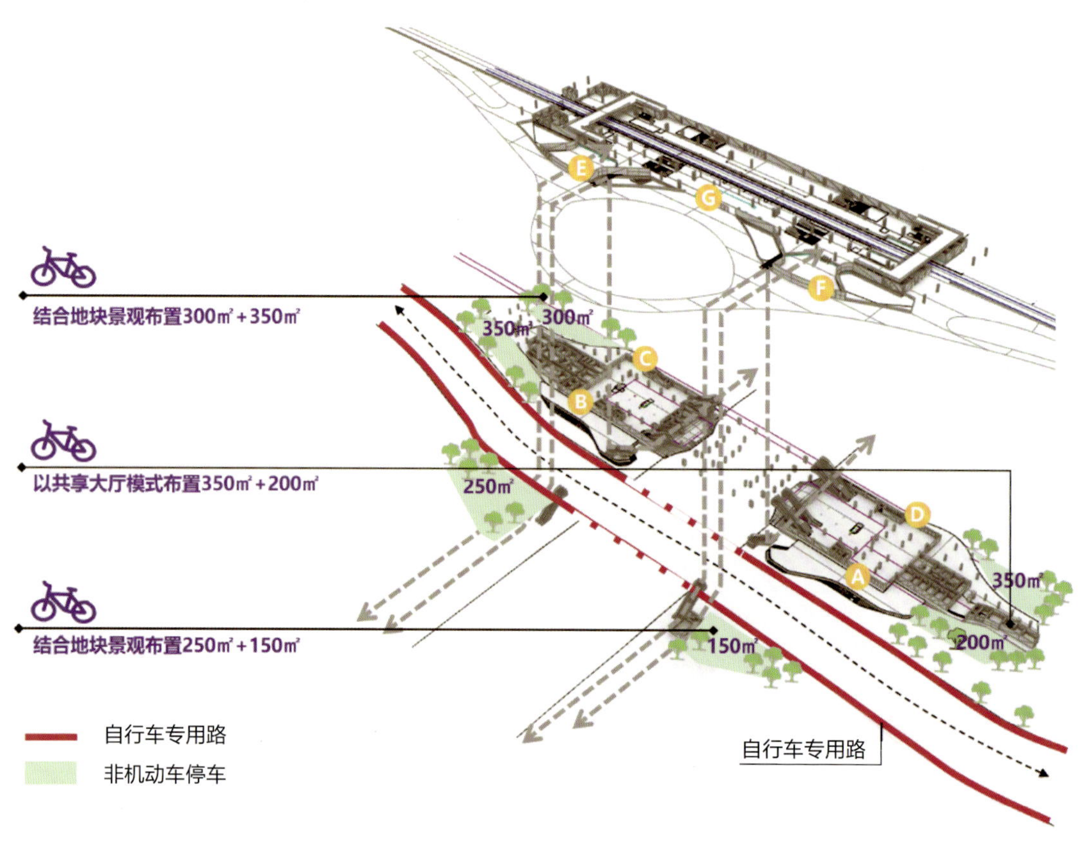

五道口站非机动车接驳设施布局示意图

4.4.1.3 经验启示
Experience enlightenment

该项目以立体方式剥离多类别客流，提高交通微循环效率。利用车站建筑改造的契机，消除城市道路局部交通瓶颈，对成府路各车道功能重新定位，快慢分流，提高道路通行效率。建造二层步行平台，以立体方式分流车站周边的人流车流、进出站客流和商圈客流。合理布局站前交通设施，与各方式接驳流线相吻合，最大限度方便客流换乘轨道交通。车站周边 100m 范围内清退机动车停车位，打造慢行友好空间。

同时，项目与京张绿廊融合一体化设计，打造区域地标性建筑。以京张绿廊建设为契机，对站前广场和接驳空间采用生态、休闲设计理念，将车站融入城市之中，使得车站不再只是车站，而是一个连接四周的交通平台。未来的五道口不仅是一个便捷的车站，还是一个绿色和谐的公园，更是一个青年交往的舞台。

4.4.2 典型案例：崇文门站[1]

Typical Instance: Chongwenmen Station

4.4.2.1 基本信息

Basic information

崇文门站位于北京市东城区前门东大街与崇文门内大街交叉口，东侧为北京站西街与崇文门东大街，南侧为崇文门外大街，北京轨道交通 2 号线和 5 号线在此交会，是东南城区的交通要道，具有十分重要的交通地位。轨道交通崇文门站车站周边以商业、办公、医疗用地为主，北侧为同仁医院、北京医院；西侧为新侨饭店；南侧为崇文门商业群；东侧为明城墙遗址公园。

车站客流环境较为复杂，主要为购物、通勤、就医客流，早高峰北侧象限客流较大，晚高峰南侧象限客流较大。由于商圈客流具有流量大、密度高的特点，因此，对交通设施所能提供的服务品质提出了更高的要求。目前，崇文门站已开启与周边设施的一体化改造工作，以解决换乘服务水平不佳、与周边设施不连通、车站周边环境品质与站区定位不匹配等问题。改造工程地下总建筑面积约 4130m^2，地面改造部分总建筑面积约 1573m^2，将有助于提高崇文门站的服务水平及周边商圈的吸引力。

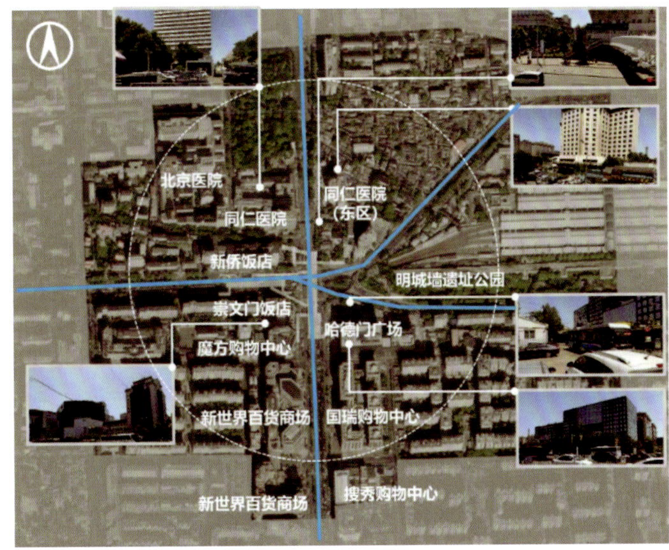

崇文门站站址环境示意图

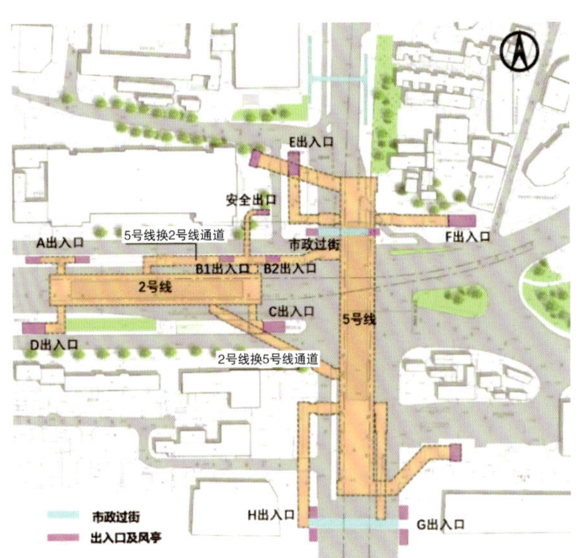

崇文门站总平面图

---

[1] 该方案为阶段设计方案，最终实施方案会有所不同。

4.4.2.2 设计方案
Project design

■ 采用交通一体化设计，搭建连续地下慢行系统

目前，崇文门站地下慢行系统尚不完善，轨道交通出入口不连通，人行交通设施未整合，东西向过街行人不能方便进入轨道交通车站。基于此，考虑通过打造换乘厅，加强轨道交通非付费区与市政过街系统连续性，打造片区整体的地下连通体系，实现轨道交通与过街设施的全连通。通过将 B1、B2、E 出入口整合为 1 个出入口，使进站流线相对简单并减少地面附属建筑；通过建设地下浅层过街通道，增加轨道交通车站与既有市政过街的连通，此通道可以兼顾过街和进入轨道交通的客流，减少五岔路口北侧东西向地面过街流线冲突；基于行人的出行需求，开展有关停车系统、交通管理措施等内容的专项研究。

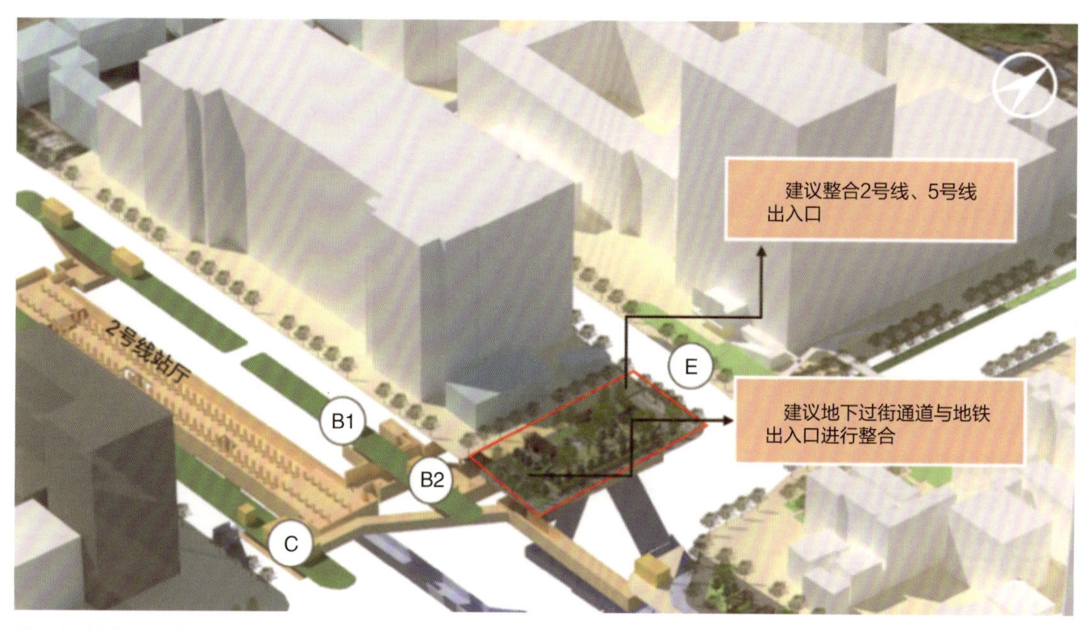

崇文门站交通一体化示意图

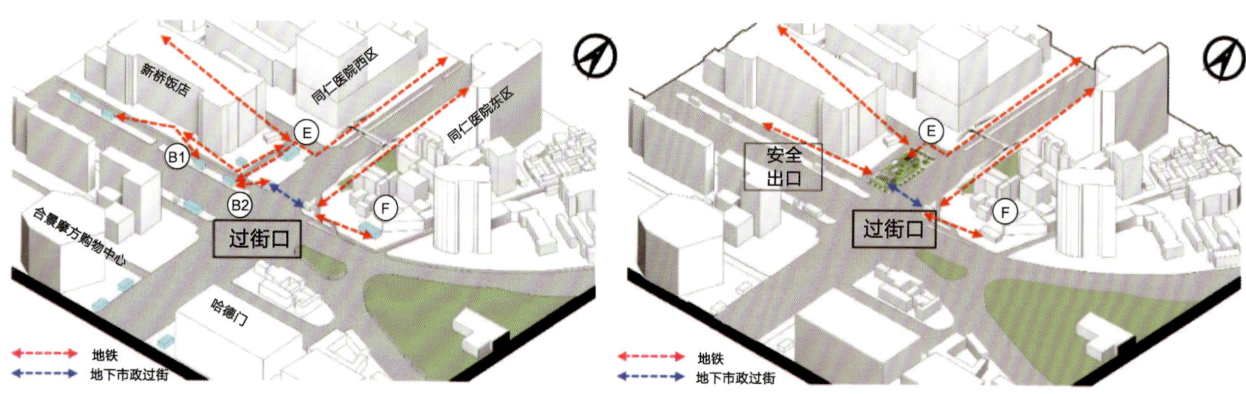

崇文门站改造前后人行流线图

通道换乘改为厅换乘，优化地下客流组织

通过增设换乘厅的方式增加乘客的换乘路径，整合两线出入口并增设无障碍电梯，有效提升换乘服务品质。经现场调研、民意调查以及与主管部门沟通协调，考虑增设西北象限换乘厅，将通道换乘改为厅换乘。结合西北象限地块改造的新建地下换乘厅，通过连通 2 号线与 5 号线的集散空间，可以增加 1 条换乘路径，缓解 4 处换乘瓶颈点压力。5 号线换乘 2 号线客流可以通过新建的换乘厅实现换乘；同时轨道交通乘客可以从西北象限出入口进入换乘厅并前往所需乘坐的轨道交通车站站台，避免乘客因换乘厅不连通所导致的绕行行为。

崇文门站新建换乘厅位置图

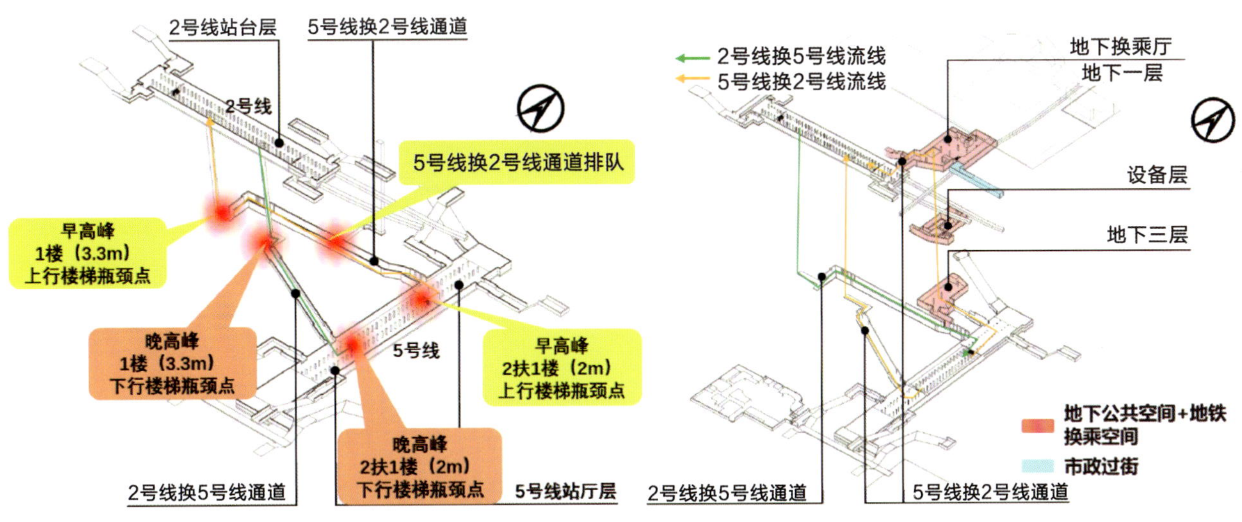

崇文门站改造前后换乘人行流线图

■ 采用多层次立体车站设计，综合提升车站服务水平

多层次立体车站设计可充分利用地下空间，为乘客提供更多通行路径，有效避免流线交叉并提供过街功能，进而提升车站服务水平。崇文门站考虑外扩换乘厅为地下三层，地下一层连通 2 号线站厅，地下三层连通 5 号线北站厅；5 号线换乘 2 号线客流通过上行扶梯接入 2 号线东站厅；地下一层错层布置，上层联系市政过街层，下层联系轨道层。

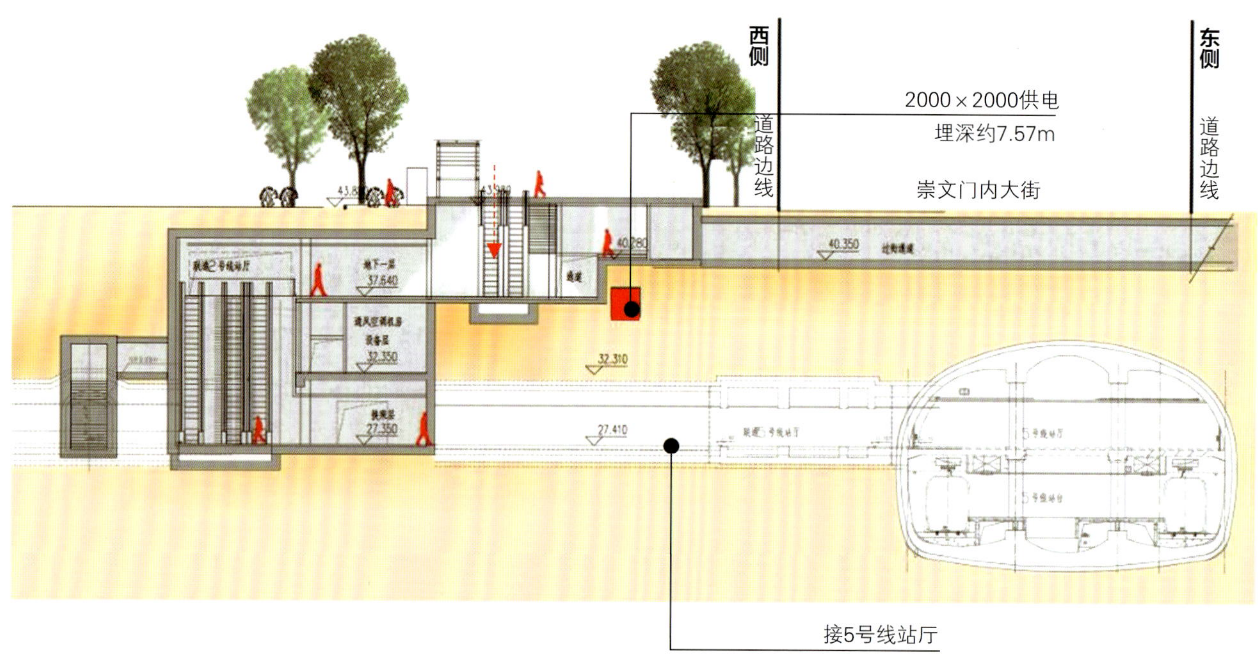

崇文门站地下车站剖面图（东西截面）

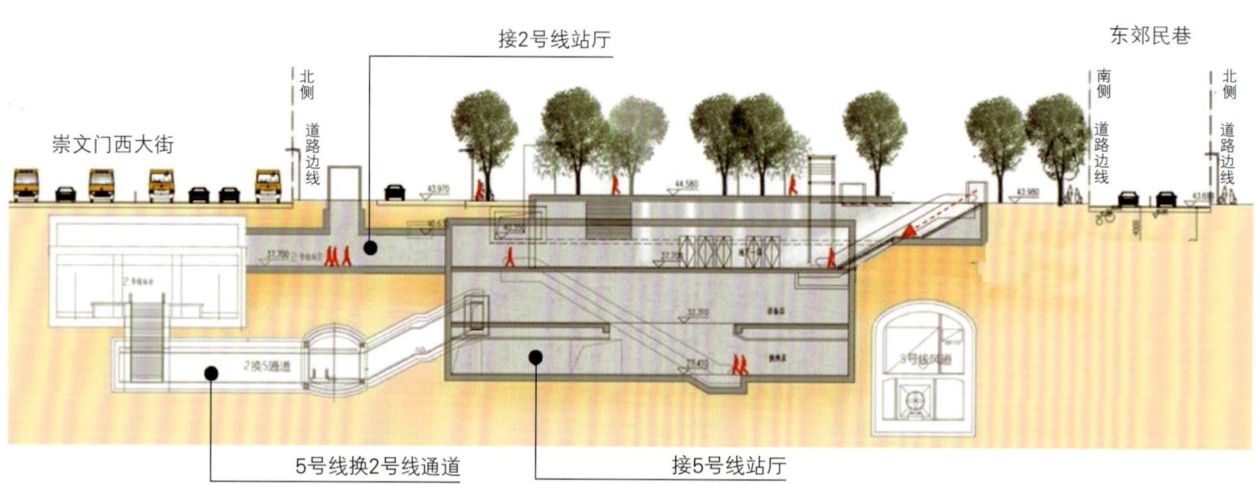

崇文门站地下车站剖面图（南北截面）

4.4.2.3　经验启示
Experience enlightenment

基于商圈客流流量大、密度大。容易因聚集产生瓶颈点的特征，轨道交通崇文门站在改造的过程中，始终以提高公共交通出行品质为目标，采用系统性改善换乘组织、优化车站进出、整合地下空间、提升站外环境等方式手段，打造以轨道交通升级促进首都特色商圈和文化节点优化提升的示范样板。通过搭建连续性的地下慢行体系，实现轨道交通与过街设施全连通，避免过街乘客在地面聚集产生安全隐患；将通道换乘改为厅换乘，可增加换乘路径，缓解换乘瓶颈点，同时也可避免乘客因换乘厅不连通所导致的绕行行为；对车站进行多层次立体化改造，可避免换乘流线交叉，并为车站增加过街功能提供保障。

轨道交通车站设计要以客流需求及行为特征为依据，实行一站一策，以加强轨道交通一体化综合利用、提升轨道交通人性化服务水平。

4.4.3　典型案例：内蒙古博物院站
Typical Instance: Inner Mongolia Museum Station

4.4.3.1　基本信息
Basic information

内蒙古博物院站位于呼和浩特市新华东街与新春路路口东北侧道路下，沿新华东街布置，为地下二层岛式站台车站。车站近期共设置 4 个轨道交通出入口、5 个物业出入口、3 组 10 个风亭、2 个安全出口、2 座风冷冷水机组。其中，轨道交通 1 号出入口位于车站东北侧，沿新华东街布置，主要吸引兴光大厦客流。轨道交通 2 号出入口位于车站西北侧，现状位于市政公园绿地内，主要吸引新春路及新家园小区客流。轨道交通 3 号出入口位于车站西南侧，现状为 4 层临街商业房，主要吸引黑兰不塔巷及内蒙古广播电视大学方向客流。轨道交通 4 号出入口位于车站南侧，位于万达广场一期和二期商业主入口间，主要吸引万达广场客流。物业 1 号出入口位于配线段北侧，内蒙古自治区政协的绿化带内，主要吸引丁香路客流。物业 2 号出入口设置在车站北侧新光大厦外，主要为安全疏散口。物业 3 号、4 号、5 号出入口均位于车站南侧，与万达广场的商业接驳。轨道交通 2 号安全口位于万达广场一期前面，主要用于疏散。车站设计远期早高峰客流量约 7208 人次。

内蒙古博物院站出入口位置示意图

4.4.3.2 设计方案 Project design

内蒙古博物院站非机动车停车位示意图

■ 轨道出入口与商业广场一体化设计，构建无缝慢行系统

内蒙古博物院站出入口较多，但各出入口客流相对均衡，南侧靠近万达广场的客流量较大，但南侧的出入口设置在商业综合体的前广场，考虑广场人行疏散以及整体景观情况，无法设置大型的停车区域，规划结合出入口建筑外立面摆放非机动车停车设施。

1 号出入口吸引兴光大厦、内蒙古自治区政协的客流，存在非机动车接驳需求，考虑沿线用地情况，非机动车车位紧邻车站出入口建筑外立面进行布设，车位 33 个；2 号出入口与市政公园绿地结合设置，在征地范围内建设绿化停车场，布设车位 56 个，主要服务车站东北侧的客流；4 号出入口服务黑兰不塔巷及内蒙古广播电视大学方向客流，接驳需求大，在征地范围内布设车位 42 个。在 5 号出入口风亭的防护绿地以外、征地范围以内布设非机动车停车位 63 个；在 8 号出入口征地范围内布设车位 42 个。综上，共布设停车位 236 个。

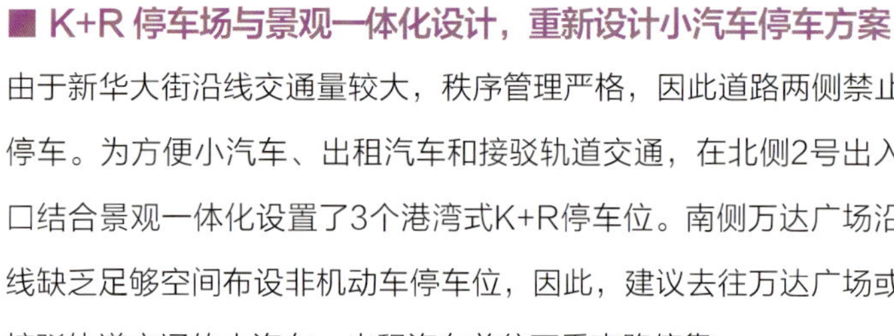

■ K+R 停车场与景观一体化设计，重新设计小汽车停车方案

由于新华大街沿线交通量较大，秩序管理严格，因此道路两侧禁止停车。为方便小汽车、出租汽车和接驳轨道交通，在北侧2号出入口结合景观一体化设置了3个港湾式K+R停车位。南侧万达广场沿线缺乏足够空间布设非机动车停车位，因此，建议去往万达广场或接驳轨道交通的小汽车、出租汽车前往丁香南路停靠。

■ 改扩建公交接驳设施，疏解现状交通瓶颈

车站周边公交接驳距离和公交接驳线路均满足需求，但是现状调研发现公交车站台尺寸规模较小，并且是直列式公交车站台，东西向的新华东街非机动车流量较大，因此，公交停靠容易发生公交车与非机动车交织的现象，并且由于公交线路数量过多，导致同时公交停靠车站的公交车高达四五辆，难以停入港湾，造成一系列的交通拥堵情况。因此，主要结合地形对公交站台进行港湾式改造，并且拓宽站台的长度，满足多辆公交车停靠的需求。

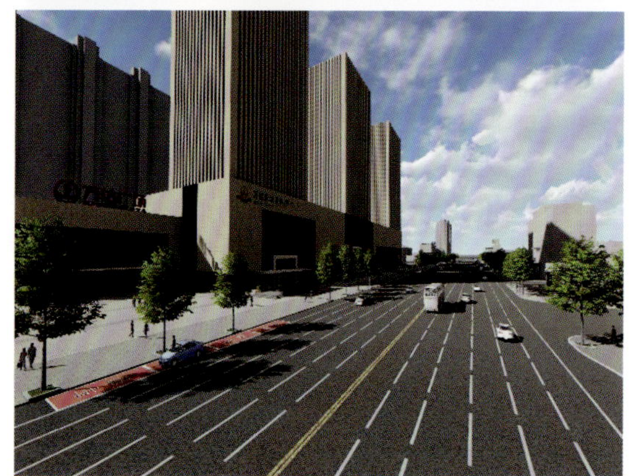

内蒙古博物院站 K+R 停车位示意图

除此之外，考虑车站南北向用地范围有大量的居住小区，会有公交换乘的需求，因此，在实现规划的丁香北路设置两处直列式公交站台，主要占用现状的绿化机非隔离带。

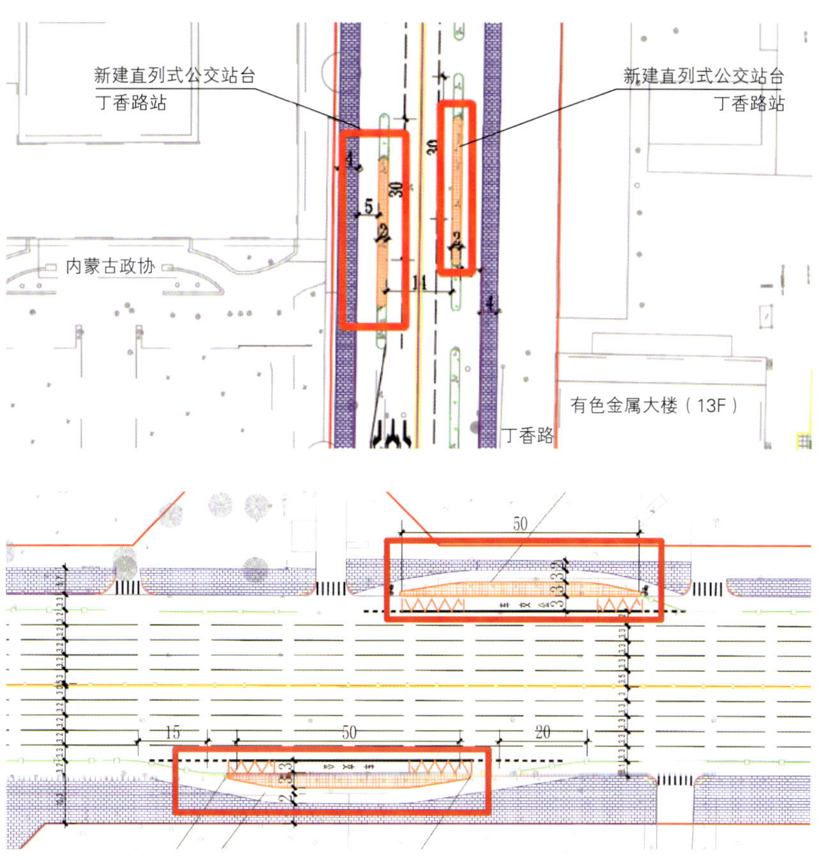

内蒙古博物院站公交车站改造平面图

4.4.3.3　经验启示

Experience enlightenment

车站周边用地性质复杂，包括居住区、商业综合体、高等院校、自治区级旅游景点等多种单元，客流来源多样且相对均衡，现状公交线路充足。为充分满足接驳需求，重新梳理接驳流线及交通组织：充分考虑客流均衡性，在各出入口设置数量接近的非机动车接驳设施，最大化满足各方向需求。考虑沿线道路交通管理情况，在邻近道路设置K+R停车位。同时，车站周边公交线路多，停车需求大，对公交车站进行大量新建和改造。

4.5 商务办公类
Business Station

商务办公类的轨道交通车站具有客源以通勤人员为主、早高峰以出站为主、晚高峰以进站为主的特点。其交通接驳体系要注重车站与商务区的接驳，注重步行可达性，完善“最后一公里”接驳系统。通过空中、地面、地下立体式的步行空间增加步行便捷度和舒适度；设计完整的非机动车停车系统和通行车道，通过合理的停车规划，规范停车秩序；为公交车、出租汽车、网约车、企业班车提供适宜的停靠站位置，减少对道路通行的影响。

4.5.1 设计原则
Designing Principles

4.5.1.1 构建完善的步行 + 非机动车网络，鼓励慢行接驳
Build a perfect walking & cycling network to improve the comfort of the slow-traffic environment

基于“绿色出行，低碳健康”的理念，设计完整、便利的非机动车停车系统，清晰的步行道。

4.5.1.2 形成立体式步行空间，提升慢行接驳舒适性
Form a three-dimensional walking space to improve walking comfort

梳理车站周边步行通道架构，形成空中、地面、地下立体式步行空间，注重绿化遮阴和风雨连廊设置，提供全天候风雨无阻的步行环境，提升舒适性。

4.5.2 典型案例：西二旗站
Typical Instance: Xi’erqi Station

4.5.2.1 基本信息
Basic information

西二旗站位于北京上地地区，为北京市轨道交通 13 号线和昌平线的换乘站，是典型的商务办公类车站，早高峰以出站为主、晚高峰以进站为主，客流量大，主要服务对象为车站西侧的中关村软件园。

受进出站客流量大、接驳体系不完善的影响，西二旗站接驳问题突出，主要表现为：

（1）车站位于城市建设用地“夹缝”区域，在京新高速公路与京张高铁之间，空间受限，集散道路存在高差；

（2）车站周边道路拥堵、人车交织、通行能力不足，交通疏解能力差；

（3）大量乘客出站后需要接驳换乘，造成车站周边交通设施能力严重不足、秩序混乱；

（4）站前广场功能安排不合理，人行空间狭窄、非机动车无处停放、公交车站规模不足、机动车停车场效率不高；

（5）车站东侧无出入口，居民进站绕行距离很远，出行不便。

西二旗站交通接驳现状

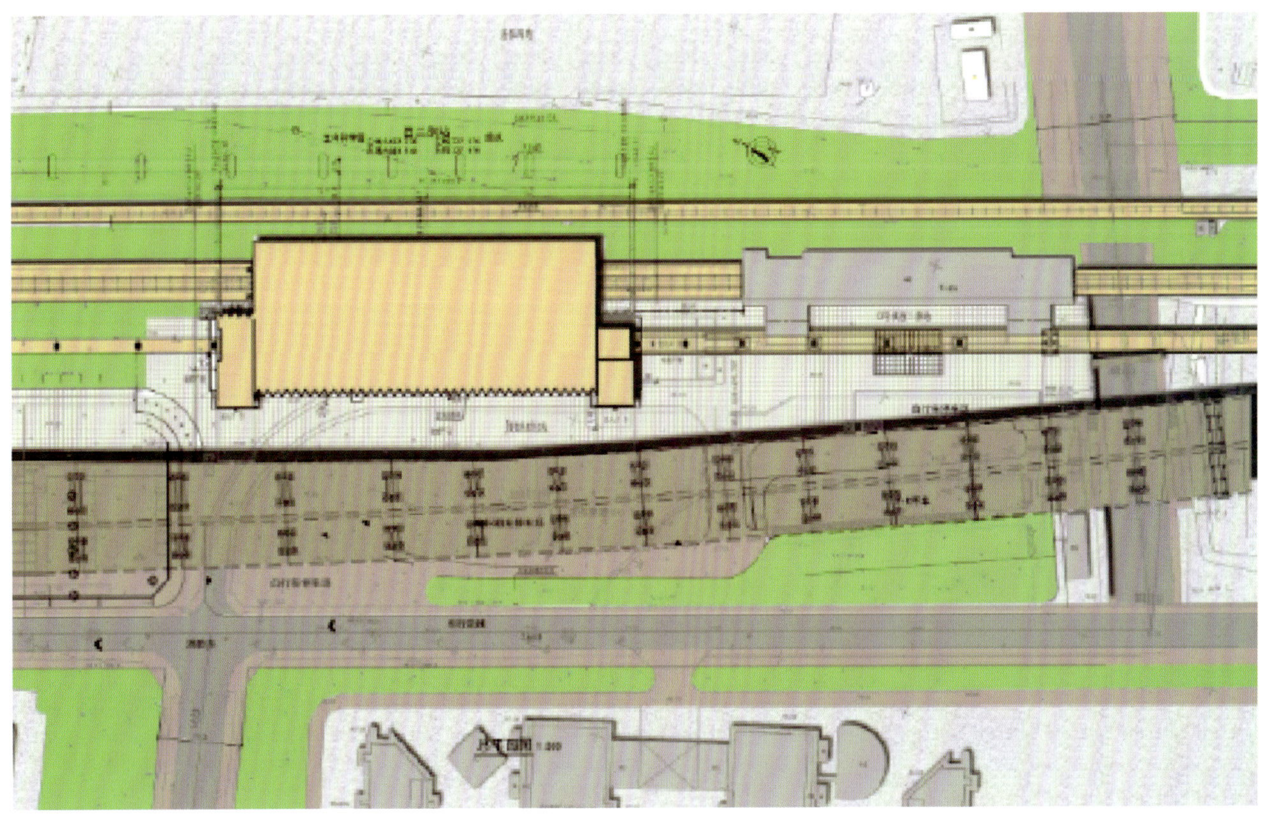

西二旗站空间布局现状

4.5.2.2　设计方案
Project design

结合 13 号线扩能提升，改造西二旗站交通接驳体系，打造以优化接驳织补交通为主的枢纽微中心，变“夹缝”为交通和公共活动中心。

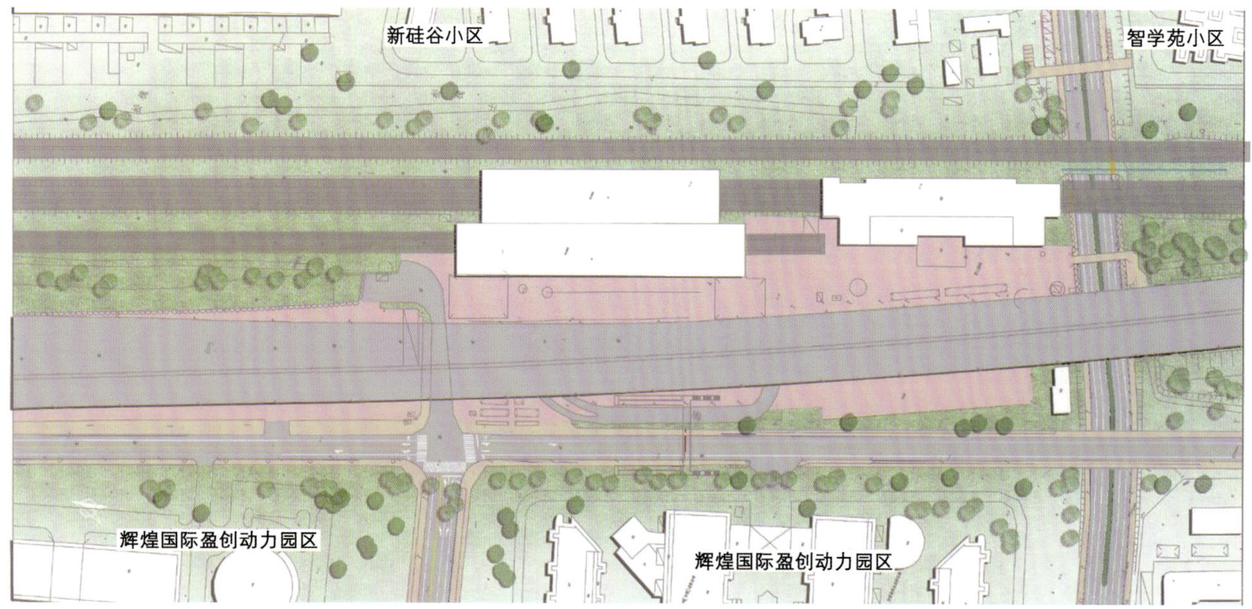

西二旗站交通接驳改造方案

主要改造措施包括：

■ 上地十街交叉口增设地下通道，实现人车分流

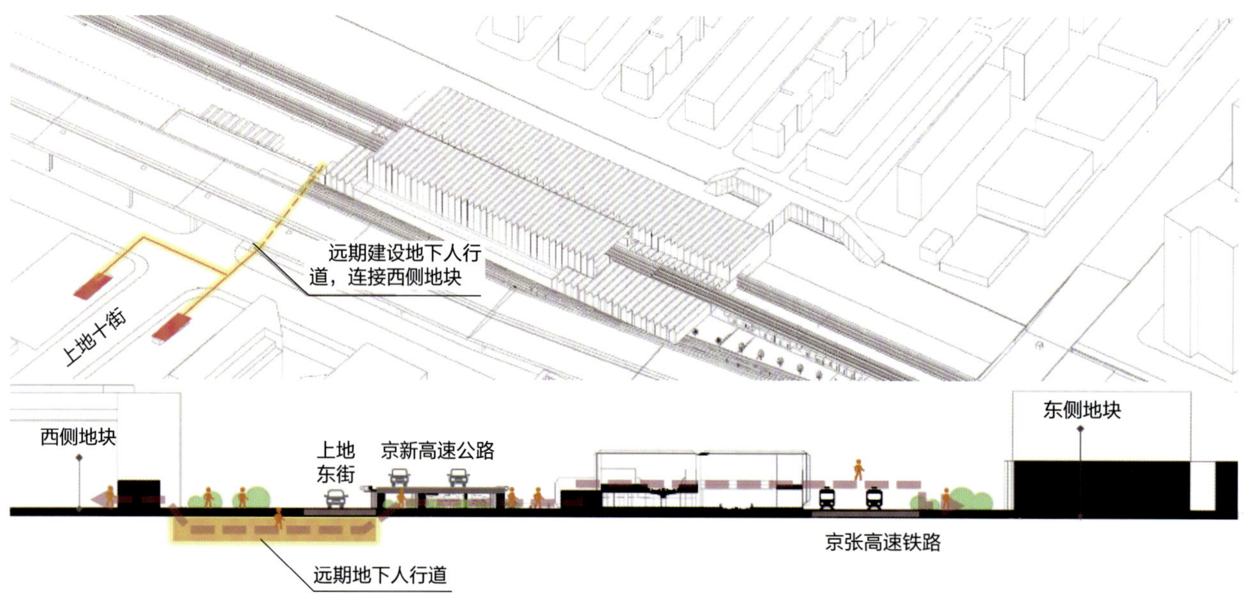

交叉口增设地下通道

■ 优化站前功能布局

站前广场——保证人行空间。新增站前广场和景观交往、服务配套空间。在车站西侧出入口前，设站前广场 17000m^2；结合东侧出入口设站前广场 144m^2。为了方便东部区域乘客进站，在车站东侧出入口前新建步行便道 665m^2。

非机动车——保证设施充足，优化站前秩序。为了方便乘客停放非机动车，在车站周边结合行人动线新建 5 处非机动车停车场，总面积 35000m^2。

出租汽车——小型出租汽车换乘站，兼具蓄车功能。针对网约车、出租汽车接驳需求，建议利用桥下空间设置小型出租汽车换乘站，兼具蓄车功能，进行出租汽车临时停靠，共设置 16 个上落客区、40 个蓄车位。

公交车、小汽车——疏通整理原高速公路桥下空间，优化停车场布局，调整 P+R 功能；微改造原公交场站，取消 P+R 停车，分别设置各自进出口实现人车流线分离。取消车站主体正西侧桥下空间临时停车，结合进出站流线，将其调整为服务配套、公共空间、非机动车停车等功能。

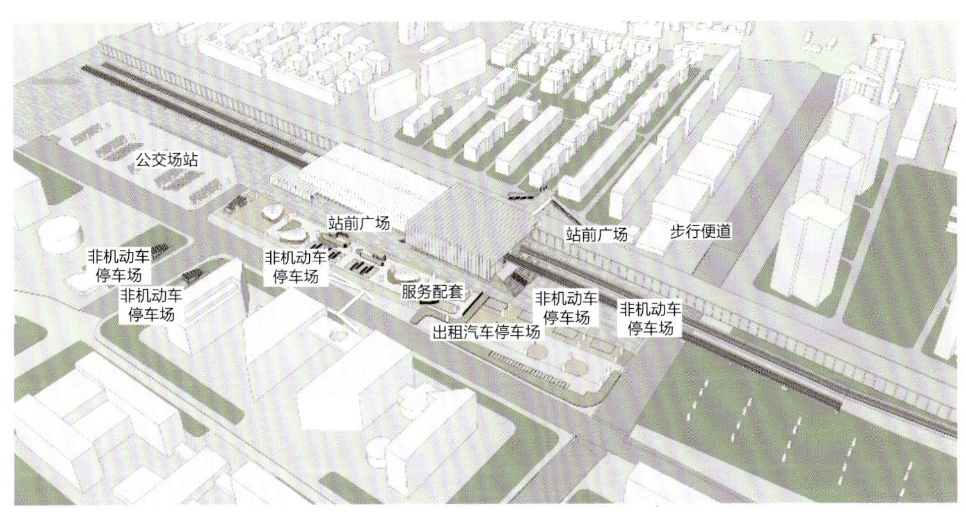

站前功能布局优化图

西北鸟瞰图

南厅入口效果图——整洁的入口形象、具有仪式感的入口台阶

■ 新增出入口

13号线扩能提升项目结合车站改造，增加东侧出入口，解决了东侧进站不便问题。

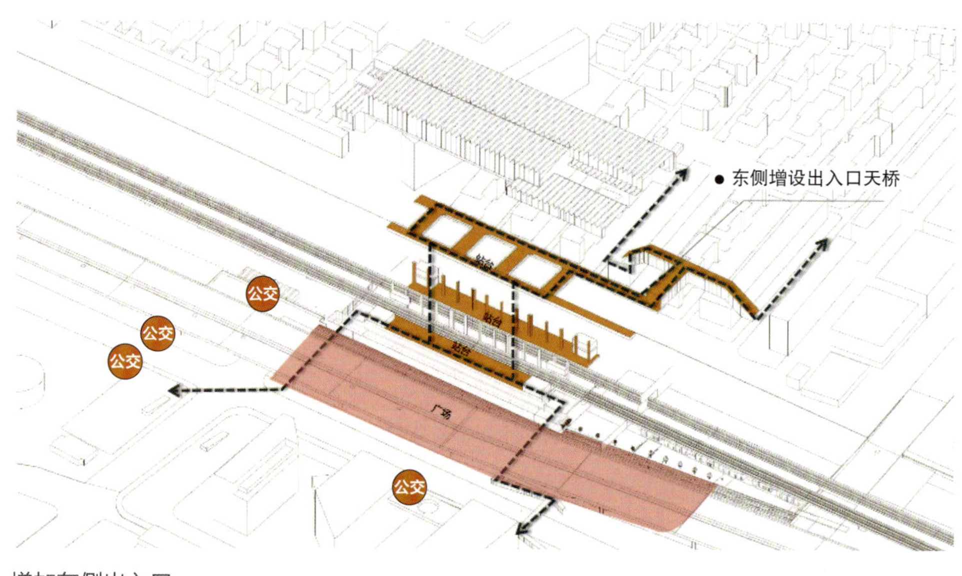

增加东侧出入口

■ 健全交通系统

进一步健全路网，减少车站周边过境交通量；增设轨道交通13B线，直接引入中关村软件园，减少“最后一公里”接驳需求。

4.5.2.3　经验启示
Experience enlightenment

对于受高速公路、铁路等阻隔，接驳体系不完善的商务办公类车站，可以优化接驳织补交通为主，打造乘车便捷、接驳顺畅、配套齐全的交通织补微中心。可主要从以下三个方面入手：

■ 交通分解

以立体交叉的交通设施实现城市两侧联通，活化周边断裂的灰色空间。

■ 景观交往

利用桥下空间和站前广场营造丰富活力的景观空间节点，打造森系车站，营造绿色的城市交通交往空间。

■ 服务配套

合理利用既有城市夹缝空间，为轨道交通和商务办公区提供更多的配套公服设施，提高通勤人群“幸福感”。

4.5.3　典型案例：经海路站
Typical Instance: Jinghailu Station

4.5.3.1　基本信息
Basic information

经海路站位于北京市轨道交通亦庄线，是商务办公类车站。现状以商业和产业用地为主，车站周边有少量市政及社会停车场用地。研究范围内业态以科创研发和商务办公为主，功能较为单一，区域配套不足。

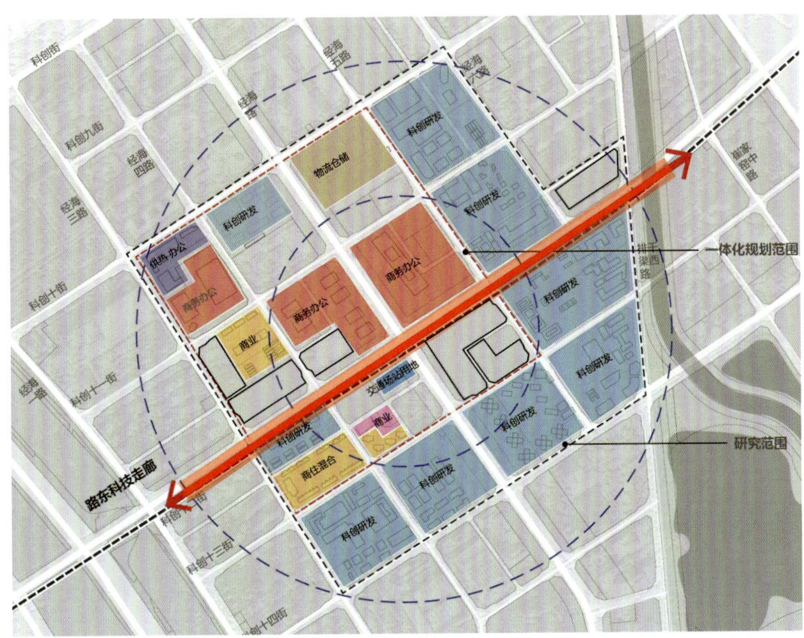

车站周边用地现状

周边现状交通问题主要表现在以下五个方面。

（1）交叉口拥堵：由于车站周边十字路口信号灯为两相位信号灯，每个相位 30s，无左转专用相位，早高峰交通量大时直行车辆与对向左转车辆产生交叉冲突，导致交叉口拥堵。

（2）周边路段通行能力差：早间有大量由科创十一街左转进入 1 号楼停车场的车辆，导致过境车辆无法通行，科创十一街通行能力降低进而导致拥堵，并且由于科创十一街东西向只有一条车道，左转排队车辆也阻碍了东向西方向过境车辆的通行。

（3）班车路边落客：现状班车早高峰落客停车在科创十二街，给主干道带来一定交通压力，且交通秩序混乱。

（4）网约车秩序混乱：相较于早高峰，晚高峰时段延续较长，产生的尖峰流量也较低，但晚高峰由于网约车不规范停车，导致市政路拥堵。

（5）共享单车停放混乱：共享单车停放秩序混乱，给周边交通带来不便，同时也对周边街道容貌产生影响。

4.5.3.2 设计方案
Project design

打造全球知名科技创智中心。

■ 非机动车网络 + 步行系统

基于绿色低碳出行理念，优先满足非机动车和步行的出行活动性需求，设计完整的非机动车停车系统、清晰的步行道，鼓励非机动车和步行接驳。

非机动车网络 + 步行系统

■ 特色门户

微中心区域的4个门户空间，通过门户景观和门户建筑营造区间空间节奏标识。

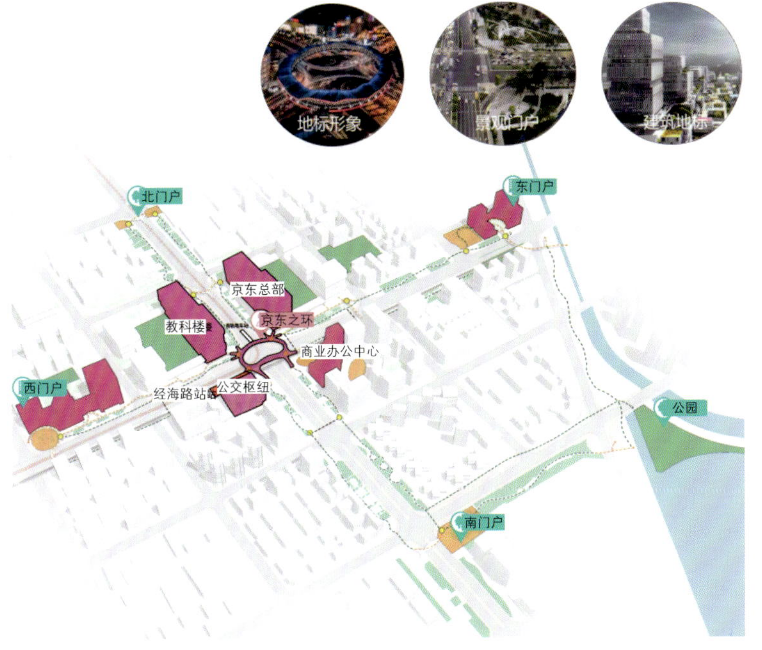

特色门户

■ 京东之环

连接轨道交通车站、有轨电车及核心四个街区，是步行交通的核心枢纽，是集业态、休闲、交通等为一体的公共场所，也是京东区域的新地标。

京东之环

慢行流线架构

重构慢行流线架构，形成空中、地面、地下立体式的步行空间，增加步行舒适度。

慢行流线架构

4.5.3.3 经验启示
Experience enlightenment

对于需要进行标志性节点设计的商务办公类车站，可从以下六个方面进行规划。

1
形象营造
IMAGE BUILDING
树立标志性节点形成地标体系

2
激发活力
STIMULATE VITALITY
开发复合功能，提升土地价值

3
绿色出行
GREEN TRAVEL
创建低碳健康的交通模式

4
优美有序
BEAUTIFUL AND ORDERLY
营造步行友好的城市活力空间

5
高效转换
EFFICIENT CONVERSION
提高快速周转率与便捷可达性

6
提升品质
IMPROVE QUALITY
创建具有强烈场所感体验场所

设计经验启示

4.5.4　典型案例：软件园站

Typical Instance: Ruanjianyuan Station

4.5.4.1　基本信息

Basic information

软件园站位于北京市轨道交通13号线，是商务办公类车站，位于东北旺西路与软件园南街交叉口，与19号线换乘，车站沿东北旺西路南北向布置。车站形式为地下二层15.4m双柱岛式车站，车站共设4个出入口、2组风亭、2个无障碍出入口。车站总长350.15m，标准段宽26.54m，总建筑面积21924.94m^2，其中主体建筑面积21173.35m^2，附属建筑面积751.59m^2。

周边用地以研发设计为主，东北旺西路与软件园南街交叉口西南象限现状为停车场，东南象限为尚东数字山谷，西北象限为软通动力总部，东北象限为千方大厦。

软件园站站址环境示意图

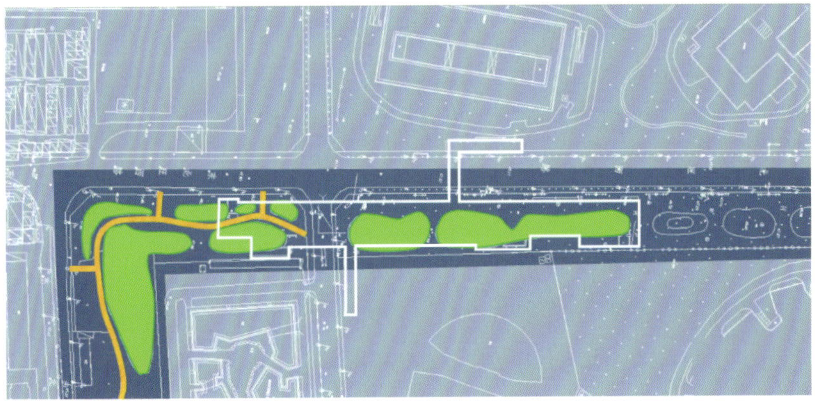

软件园站交通景观提升设计范围图

4.5.4.2 设计方案
Project design

站景一体，打造公园里的“筑梦站”。

带状公园格局示意图

■ 延展南北两侧，维持现有近自然带状公园格局

依托南北向绿带布局，利用连续流动的开放空间设置集轨道交通疏散、市民休闲、公共活动为一体的街旁开放公园。设计中采用折线形的铺装分隔，加强空间引导，结合各轨道交通出入口设置功能广场，作为集散空间，部分位置结合小品、构筑物、绿化及铺装分隔打造多样的文化空间体验，共筑公园里的逐梦站。

■ 分流市政压力，引导人行非机动车人群亲近自然

邻近车站A、B1出入口，优化现状公交站台为港湾式，同时新增机动车临时停靠点（K+R）。

人行流线沿城市步行道行至轨道交通出入口，各向出入口分布均匀且数量满足使用需求。

非机动车接驳受道路断面限制较多，邻近13号线部分接驳利用绿地停车和行道树间停车组合设置。

车站出入口标准方案图

■ 消除场地高差，营造便捷通畅的无障碍车站

因C1、B1出入口位于公园内，且进深较宽，约45m。设计考虑地铁站的醒目性及视线的通透性，绿地采用半开放式的景观处理，紧邻道路一侧，结合绿化每50m设置可通向轨道交通口的出入通道，路径便捷。内部绿地采用绿篱点缀分支点较高的乔木，打开视线，同时场地紧邻道路一侧增加慢行系统，纾解道路人流压力。场地东侧利用绿化做背景林。对应C1、B1主要出口设置宽8m的入口通道，打开进入轨道交通的视觉界面，结合集散广场，共同形成景观与功能一体的多元化空间。

4.5.4.3　经验启示
Experience enlightenment

车站上方景观规划依托南北向绿带布局，利用连续流动的开放空间新增设置了集轨道交通疏散、市民休闲、公共活动为一体的开放公园职能。设计中可利用铺装分隔，加强空间引导，结合各轨道交通出入口设置功能广场，集中设置集散空间，结合慢行步道设置景观小品、构筑物、绿化及铺装分隔打造多样的文化空间体验。

4.6　特色类
Characteristic Station

特色类车站包括景区特色站、端头站、交通改善特色类、P+R改造特色类等类型车站。根据各类车站自身的特点，有针对性地进行交通接驳一体化设计。

4.6.1　设计原则
Designing Principles

4.6.1.1　景区特色站可适当增加活动空间，并与周边环境协调设计
The characteristic station of scenic spot can increase activity space appropriately, and coordinate with the surrounding environment design

■ 道路交通

整合多种交通类型，分离步行道与非机动车道，增设中央绿化隔离带。

■ 活动空间

以“城市空间”为概念，为餐饮、疏散、通过、休憩等不同活动提供相应空间。

■ 建筑立面

重塑街道立面，在合适位置添加沿街商业，构筑连续的、多层次的商业休闲购物体验。

■ 城市家具及标识系统

景区特色站区域内的树池、座凳、垃圾桶等公共设施与导视系统在满足其基本功能的条件下可结合区域车站的特点进行设计。

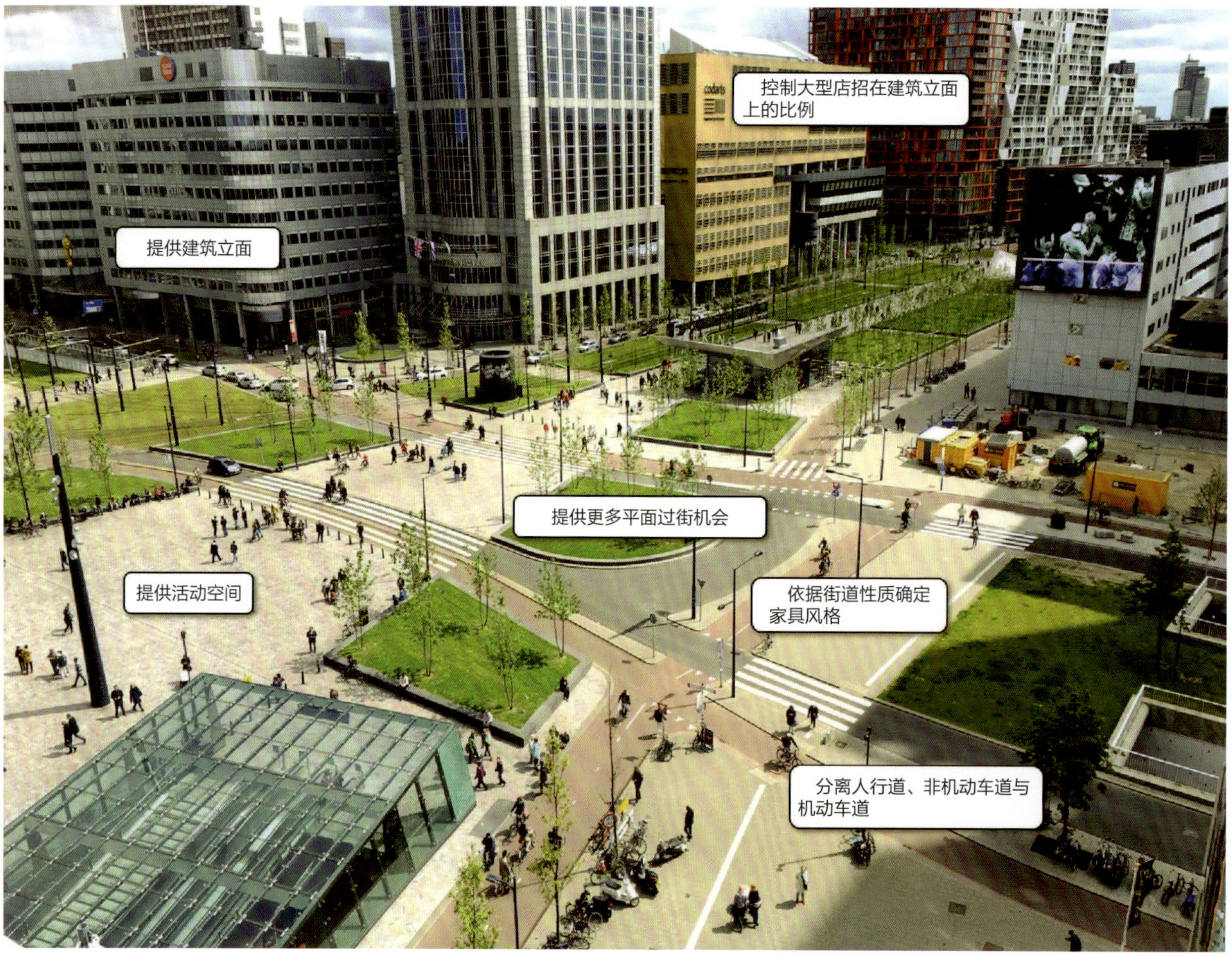
控制大型店招在建筑立面上的比例
提供建筑立面
提供更多平面过街机会
提供活动空间
依据街道性质确定家具风格
分离人行道、非机动车道与机动车道

标识系统设计

2A
内蒙古博物院站

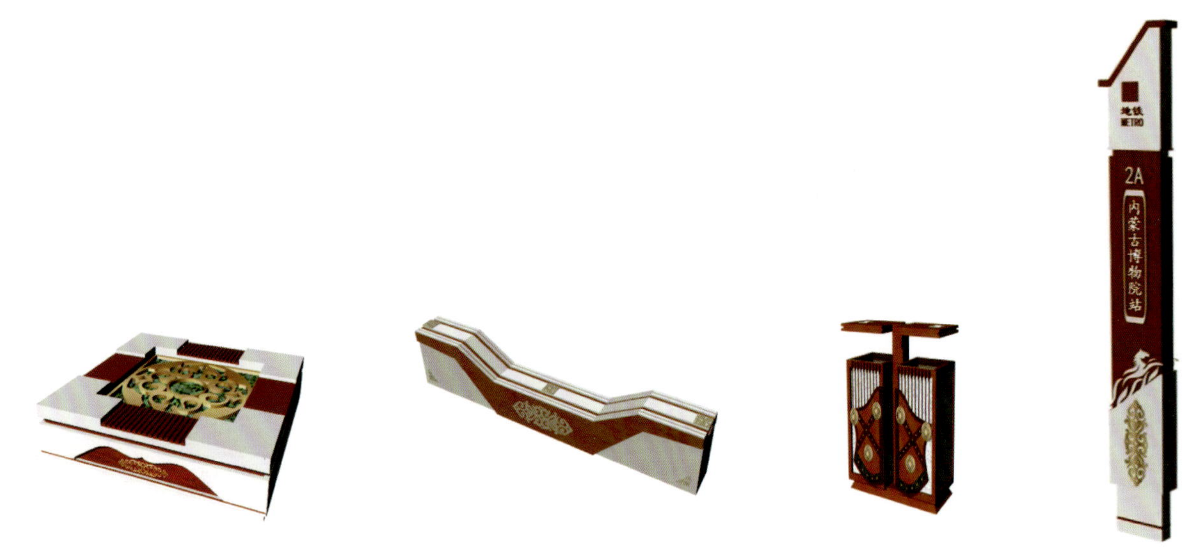

结合区域特点的公共设施与导视系统示意图

4.6.1.2　端头站可设置“P+R”停车场
P+R parking lot can be set at the end station

受城市发展结构影响，很多端头站位于城市的外围区域。相比一般车站，端头站的客流辐射范围更大，具有承接远距离小汽车停车换乘公共交通需求，故更适合设置 K+R 及 P+R 停车区。

4.6.1.3　改善早期建设车站，满足现状交通需求
Improve the early construction of stations to meet the current traffic needs

部分车站开通年限较早，规划理念与如今的城市发展理念不同，导致车站存在交通不便、空间不足、服务水平低等问题。需对各站显露出的问题进行针对性改造，满足现状接驳需求。

4.6.1.4　用地紧张车站可对 P+R 停车区域进行立体化改造或建设
The P+R parking area can be reconstructed or constructed in a three-dimensional way

部分车站建成时间较早，周边交通设施供给已无法满足现状交通需求，亟须改造。P+R 停车场作为截流外围小汽车进入城区的大型交通设施，可以缓和车站周边的停车供需矛盾，而立体停车库可为用地紧张地区提供更多停车供给。

4.6.2　典型案例：将军衙署站
Typical Instance: Jiangjunyashu Station

4.6.2.1　基本信息
Basic information

将军衙署站位于呼和浩特市新华大街与哲里木路交叉口东侧，是呼和浩特市轨道交通 1 号线的一座车站，于 2019 年 12 月随 1 号线开通投入运营。

4.6.2.2　设计方案
Project design

将军衙署站位于呼和浩特市“两带三轴，五区多节点”规划结构中的“三轴”上，即以新华大街为依托东西延伸的现代城市景观轴。作为呼和浩特市的重要景观廊道，发挥遮阴、防尘、减噪等生态功能，是城市重要的自然景观体系；根据用地面积、地理位置搭配几种花灌木及地被、草花等，与异型花坛、小品相结合，体现出“一路一树、一街一景”，形成既具有系统性，又有景观特色分明的道路景观体系。

2A号出入口及风亭永久征地，拆除七天连锁酒店裙楼，打造街心公园，形成立交桥下周边居民的休憩空间。设置“将军衙署”文字样式地面铺装，围设景观座椅、树池等具有景区文化特色的街道家具，使轨道交通车站前广场与将军衙署景区风格统一。

将军衙署站车站接驳设计效果图

4.6.2.3　经验启示
Experience enlightenment

将军衙署站的设计融合了将军衙署景区的文化特色，并将其体现在站前广场的家具布设上，使车站与周边环境协调一致。通过打造街心公园，为周边居民及其他使用者提供了休憩场地，体现了车站的人文性。

4.6.3　典型案例：阿尔山路站
Typical Instance: A'ershanlu Station

4.6.3.1　基本信息
Basic information

阿尔山路站位于呼和浩特市金桥南路规划路与阿尔山路规划路交叉口，沿金桥南路布置，为地下二层岛式站台车站，于2020年10月随呼和浩特市轨道交通2号线开通投入运营，为2号线南端的端头站。车站共设4个出入口，分别位于金桥南路与阿尔山路交叉口四个象限。

4.6.3.2　设计方案
Project design

阿尔山路站是大黑河以南石化组团进城的必经之路，小汽车换乘接驳需求较大，需设置“P+R”停车场缓解市内交通压力，促使乘客换乘轨道交通进城，达到截留机动车的目的。配置“P+R”停车场有利于吸引客流、缓解市内交通压力。停车场的规模为145个停车位。

阿尔山路站“P+R”停车场

经用地分析，符合车站接驳距离的范围内尚无交通设施用地，但 2 号出入口处规划 G1 绿地容积率为 0.1，可用于建设部分停车设施，因此，利用南侧 G1 用地，设计“P+R”停车场方案。车辆进出入口位于阿尔山路一侧，在停车场南侧设计人行出入口，用于停车后直接进入 2 号出入口。该停车场建设为生态类型停车场，停车场全部采用草坪砖，种植绿植，提高绿化率。根据相关规范要求，

对 10% 以上的车位配建充电桩，充电桩车位可设置于停车场最东侧一排车位处。

出入口附近建设停车场附属设施，包括管理用房、停车杆、减速带、无障碍设施等。

阿尔山路站车站接驳设计效果图

4.6.3.3 经验启示
Experience enlightenment

作为线路端头车站，阿尔山路站回应了小汽车接驳需求，结合周边地块特征，设置了合理的 P+R 停车场。同时，使用草坪砖、提高绿化率等措施提升了交通设施与周边环境的协调性。

4.6.4 典型案例：朝阳门站[1]
Typical Instance: Chaoyangmen Station

4.6.4.1 基本信息
Basic information

朝阳门站为北京市轨道交通 2 号线与 6 号线的换乘站，位于朝阳门环岛处，周边现状以政务办公为主，商务办公为辅。东北角为中石化大厦、中国人保；东南角为中国外交部、司法部及中粮集团；西南角为凯恒中心、朝阳门 SOHO；西北角为中海油大厦、北京电信大楼等。

4.6.4.2 设计方案
Project design

朝阳门站存在车站出入口覆盖不足、与周边过街设施不连通、车站周边环境品质与站区定位不匹配等问题。改造工程包括：改造东北象限 A 口，扩容交通设施，并与市政过街地道和周边建筑地下连通；重新启用东南象限口，扩容交通设施，并与市政过街地道连通，预留与周边建筑地下通道连通条件；开通原 2 号线 B 出入口，改造扩容为地面厅。

朝阳门站非机动车停车空间改善前后

[1] 该方案为阶段设计方案，最终实施方案会有所不同。

朝阳门站增加休闲广场前后

朝阳门站车站接驳设计效果图

4.6.4.3　经验启示
Experience enlightenment

朝阳门站为提升车站与周边地块连通性，在原有基础上增加了 2 个出入口，方便乘客去往东南、东北两象限，并提升了出入口附近的慢行秩序。同时，为协调车站与周边环境，车站对出入口及部分附属设施进行了改造，考虑周边建筑的形象要求，对车站建筑进行了一体化设计，体现了车站的人文性及协调性。

4.6.5 典型案例：通州北苑站
Typical Instance: Tongzhou Beiyuan Station

4.6.5.1 基本信息
Basic information

通州北苑站为北京市轨道交通八通线的一座高架车站，位于通州区北苑南路与新华西街交会处南侧，于 2003 年 12 月开通投用。车站仅有 2 个出入口。

4.6.5.2 设计方案
Project design

通州北苑站改造前周边交通较为混乱，公交车、小汽车、三轮车、行人等交织严重，缺乏小汽车停车位，乱停车问题突出。为解决以上问题，对该停车场进行了立体停车改造，增加停车供给，改善交通环境。

对于 P+R 停车设施的设置需要考虑以下几点：第一，P+R 停车场客流潮汐现象非常明显，早晚高峰车辆出入集中，对车辆的存取速度和设备的稳定性要求很高；第二，P+R 停车场作为城市公共交通基础设施，面向社会服务，使用群体不固定，因此要求设备易于操作，便于被大众接受；第三，作为北京第一个 P+R 机械式立体停车库，其建设需要起到示范作用，停车场的智能化程度和服务水平要高，建筑形象要美观。

通州北苑站站前空间改造前后

通州北苑站立体停车库效果图

通州北苑站立体停车库实景图

4.6.5.3 经验启示
Experience enlightenment

通州北苑站P+R停车场的改造是北京市首个P+R机械式立体停车库。P+R停车场的设置回应了车站小汽车接驳的需求，立体停车库节约了用地，体现了现今土地利用集约化的发展趋势，同时，停车位置的整合对车站周边的车辆行驶及停放秩序产生了积极的影响。

4.7 车辆段开发类
Depot Development Type Station

车辆段综合利用项目由车辆基地和综合利用部分组成，其中车辆基地包括厂前区、联合检修库、停车列检库等主要功能区域，实现车辆停放、检修维护、运用管理、物资存储等功能；综合利用部分包括上盖区和落地区，实现城市开发功能。此类项目功能复杂且具有特殊性，由于轨道对城市的割裂以及联合检修库、停车列检库等功能建筑带来的高差，“先天不足”也使得其设计十分复杂。设计需结合车辆段工艺、消防、结构、线路、市政、景观、交通等特点和影响因素，在满足车辆段的安全、功能和正常独立运营的基础上，按照“步行 > 非机动车 > 常规公交 > 出租汽车 > 社会小汽车”的优先顺序进行，保障和引导绿色出行的同时，化先天不足为后天优势，遵循“公交优先、人行友好、避免交叉、减少绕行”原则，保障内、外部交通接驳顺畅，人车分流。

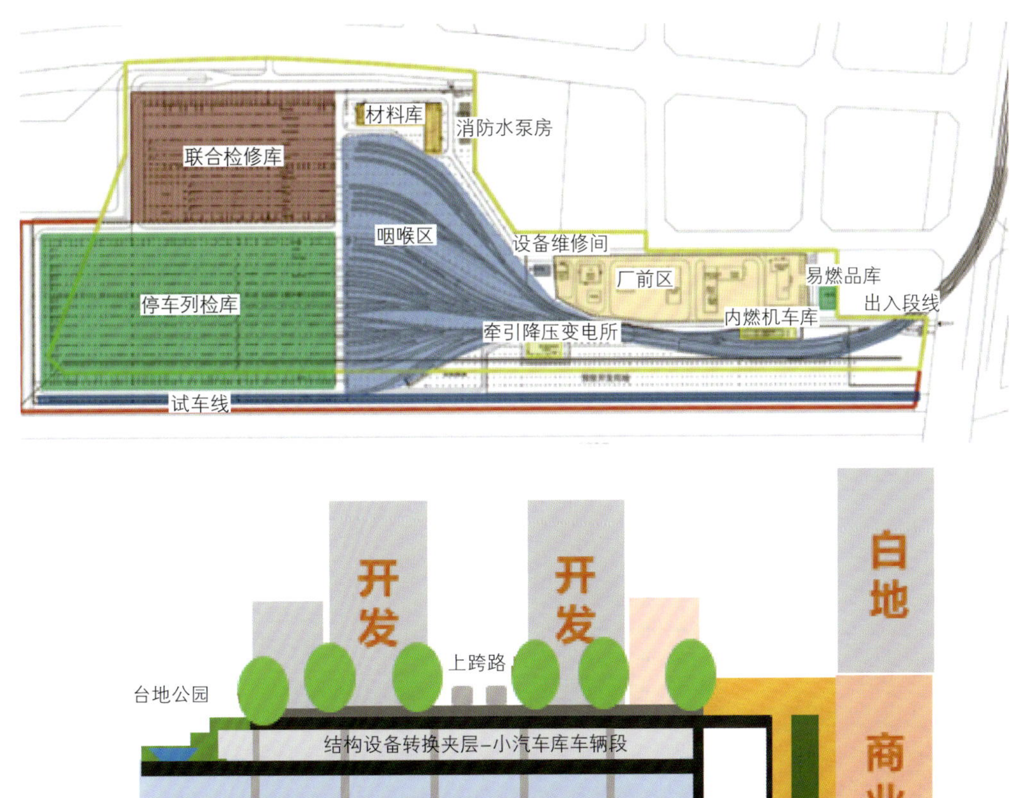

车辆段布局示意图

4.7.1　设计原则
Designing Principles

4.7.1.1　有效缝合城市空间
Effectively suture the urban space

通过加设盖板利用车辆基地结构顶板（上盖平台）和实土地面（落地区）进行开发，利用综合服务结构设备转换夹层（综合转换夹层）的空间设置停车库，可设置上跨或下穿路实现城市路网的缝合，通过建筑、景观等手法消除侧壁效应，优化项目与轨道交通车站的接驳关系，削弱上盖平台与城市地面的高差感受，利用高差营造出别样的空间形态。

4.7.1.2　重点打造归家动线
Focus on building home moving line

通过立体慢行网络将上盖区、落地区、周边地块、轨道交通车站、公交首末站 / 中途站、下沉广场、落地区商业开发建筑、停车库、落客区等有机串联，优先保证轨道交通车站与上盖区高效直达，同时满足公共空间的观赏游憩需求。宜在上盖平台边缘及盖上、盖下转换节点分散多点设置垂直交通核，在归家动线上设置无风雨设施及灯光照明系统，确保居民出行的安全、顺畅、便捷和舒适，并通过配套商业及景观提升归家动线的趣味与品质。

4.7.1.3 极致体现便捷舒适
Extremely embody the convenience and comfort

设有上跨路时，宜在平坡段采用港湾形式设置公交中途站，并就近设置垂直交通核接驳上盖平台。上盖平台内部最大步行距离超过 1.5km 时宜设置内部接驳巴士，服务盖上居民与轨道交通车站、公交首末站、盖上公共服务设施等人流集散节点的联系。在综合转换夹层车库主通道上，结合垂直交通核位置设置出租汽车 / 网约车的上落客区，提升上盖区居民便捷性。

4.7.2 典型案例：东小营车辆段综合利用项目
Typical Instance: Dongxiaoying Depot

4.7.2.1 基本信息
Basic information

北京轨道交通 6 号线东小营车辆段综合利用项目位于北京城市副中心潞城镇，运河北岸。车辆段所处片区为行政办公区综合配套区，距离北京市政府行政办公中心不足 2km，区位条件优越。项目总体占地面积 35.38 万 m^2，上盖建筑面积 27.34 万 m^2（含大库上盖小汽车库）。住宅建筑面积 13.23 万 m^2，总户数 1544 户；社区配套面积 0.75 万 m^2；咽喉区配套公建面积 2.6 万 m^2；小汽车库面积 14.95 万 m^2。车辆段整体场地高程有三个层次：车辆段工作区及车辆段周边为地坪高程（设定为 0m）；

车辆段咽喉区盖板完成面相对高程 10m；车辆段大库上盖（含转换层）盖板完成面相对高程 16m。

项目区位图

项目效果图

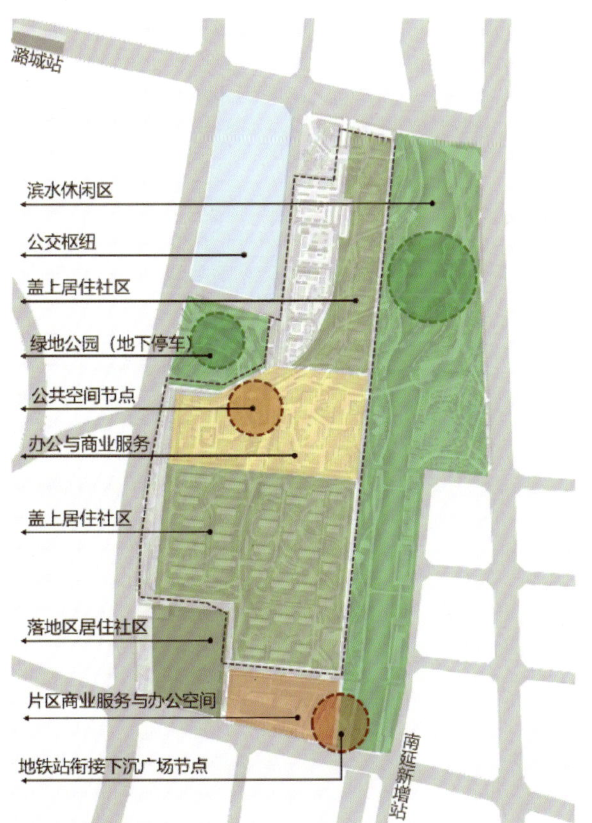

功能布局图

场地总图

4.7.2.2 设计方案
Project design

■ 人车和谐、绿色共享的综合交通体系

项目 800m 范围内提供轨道交通、BRT、接驳公交首末站，倡导共享非机动车和汽车服务，提供连续绿道连接城市绿廊，私家车位 100% 配置充电桩，通过绿色多样的出行选择，降低对小汽车的依赖。上盖步行系统与机动车系统分离设置，机动车主要在 10m 层，16m 层是人行专属，咽喉区西北侧设置接驳公交首末站，与车辆段东岸侧规划轨道交通车站共同成为重要的步行交通节点，西侧道路安排两处公交和出租汽车接驳点服务盖上社区出行需求，构建起人车分流、便捷顺畅的交通体系。

■ 城市慢行通廊 + 盖上步行空间的慢行骨架

打造打通城市东西向景观与步行公共空间通廊，串联轨道交通车站、公交 / 出租汽车接驳点、咽喉区上盖景观节点、城市绿廊节点、城市公园、滨水地景、规划植物园等多个主要节点，构建项目场地中最主要的脉络；同时搭建自由灵活的步行空间，连接盖上社区各活动节点以及与车辆段周边的景观空间节点。

■ 建筑及景观手法消隐车辆段灰色空间

通过调整水系、缓坡公园、台地式建筑、混合功能一体化设计等手法，塑造自然过渡的景观空间，消解大库高差和侧壁效应。

交通设施布局示意图

机动车组织示意图

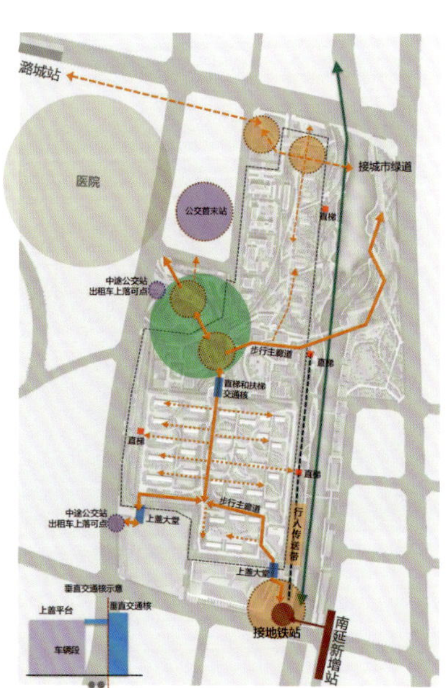

慢行组织示意图

4.7.2.3　经验启示
Experience enlightenment

践行以人为本的原则，塑造站城一体化标杆，树立 TOD 活力地标。方案突出了慢行系统的打造，通过多样化的交通方式和慢行系统的高效接驳，提升慢行可达性，降低对小汽车的依赖；通过设计手法化解高差，营造高品质人居环境。车辆段上盖综合利用及一体化开发，塑造了副中心土地集约利用和生态环境的高品质典范。

咽喉区西北侧地块与车辆段一体化设计，通过缓坡公园消解高差，塑造自然过渡的景观空间

利用东侧绿地公园，调整水系形态，使咽喉区出入段线东侧获得更大的空间，用以消解高差，形成自然过渡的景观空间

车辆段大库东西两侧，通过景观手法消解高差和侧壁影响

车辆段南侧落地区通过台地式建筑安排混合类功能，与车辆段上盖一体化设计，消解车辆段大库高差，且与东南侧拟建新增地铁站一体化设计

慢行系统及节点示意图

4.7.3 典型案例：次渠南车辆段综合利用项目
Typical Instance: Ciqu South Depot

4.7.3.1 基本信息
Basic information

北京轨道交通次渠南停车场是轨道交通 17 号线一场一段设施中的停车场。停车场规划位于北京亦庄新城站前区东南部规划用地内，用地范围北至规划道路、南临规划惠民路、东到规划路、西至规划支四路。北侧为商业及居住用地，东侧为村庄产业用地，南侧及西侧为绿地及河流。用地呈不规则刀把形，东西长 1250m，南北宽 360m，研究范围总面积 34.43ha，总开发量约为 59 万㎡，业态以居住为主，办公为辅，并配套少量商业。

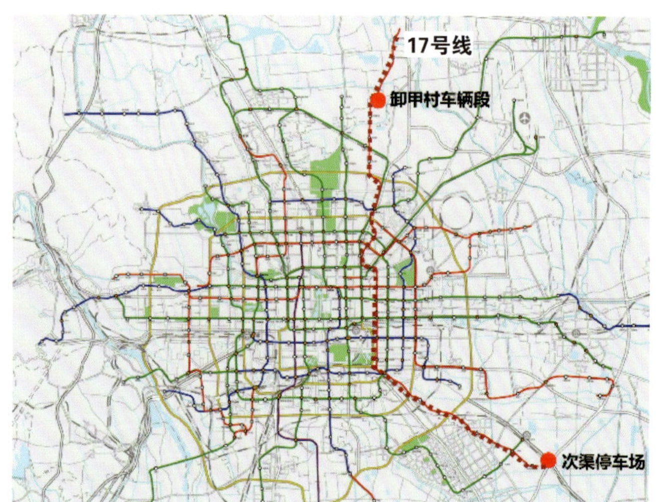

项目区位图

项目效果图

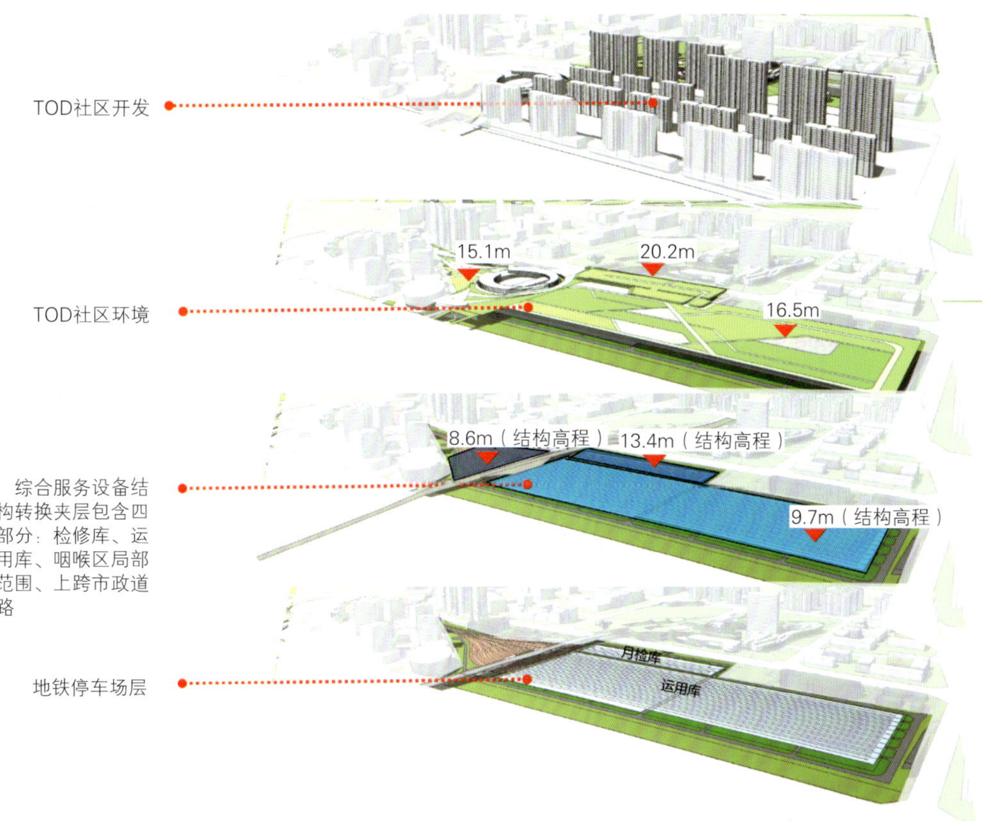

各层功能示意图

项目总图

4.7.3.2 设计方案
Project design

■ 上跨路加密城市路网

由于车辆基地自身特点而形成的城市割裂，使车辆段范围内的城市路网被打断，造成车辆的绕行增加，影响区域微循环。项目通过车辆段上跨路南北向缝合城市路网，确保原规划城市道路（麦庄路）的次干路交通功能不降低，利用上跨路解决综合利用项目的进出口需求，兼顾过境车流的通行需求。

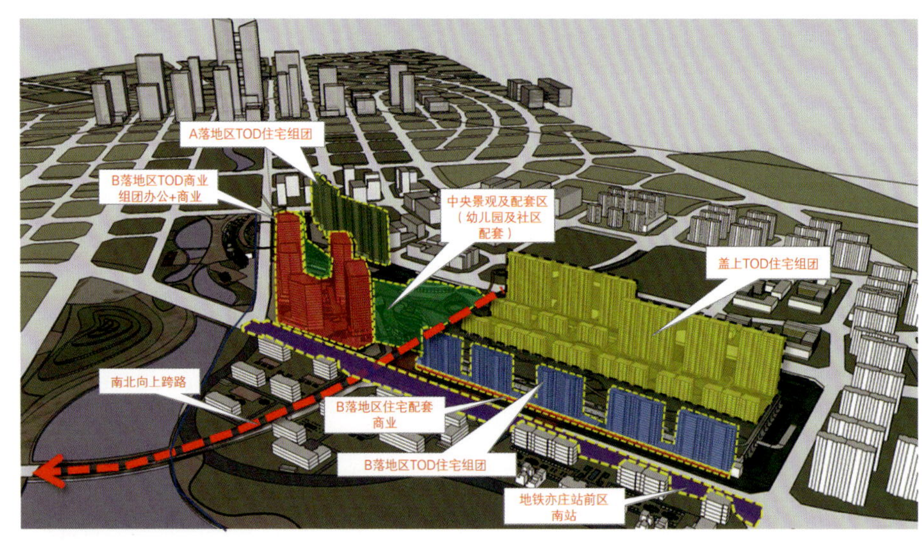

上跨道路示意图

■ 上跨路设置公交接驳站及落客区

利用上跨路设置公交停靠港湾，结合小汽车库进出通道设置出租汽车、网约车上落客区，就近设置垂直交通核，方便上盖居民出行。

西侧公交车港湾效果图

东侧公交车港湾效果图

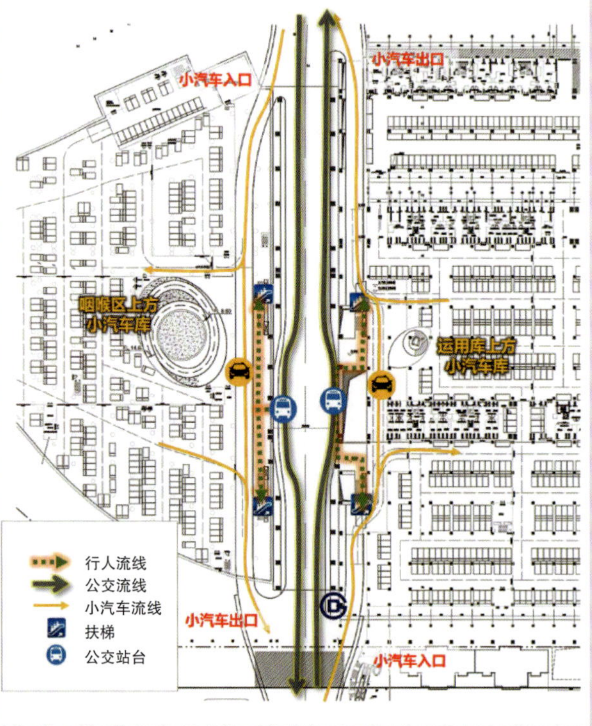

上跨路交通设施示意图

■ 轨道交通商业一体化开发

轨道交通车站与地下商业、落地区开发及上盖区一体化设计，轨道交通乘客可就近从地面垂直交通核到达上盖区；或者通过落地区地下商业垂直提升至地上三层，然后从步行廊桥进入上盖区。

一体化开发及人行组织示意图

4.7.3.3　经验启示
Experience enlightenment

项目通过上跨路加密路网，成功突破以往车辆段综合利用项目割裂城市的壁垒，结合上跨路设置公交中途站、出租汽车/网约车上落客区，就近设置垂直交通核，进一步提高了上盖居民出行便捷度；项目南侧车站一体化开发设计，将轨道交通车站、地下商业、落地区开发及上盖开发有机串联，提供城市公共空间的同时，提高了上盖人群与轨道交通接驳的效率和舒适性。

4.7.4　典型案例：歇甲村车辆段综合利用项目
Typical Instance: Xiejiacun Depot

4.7.4.1　基本信息
Basic information

北京市轨道交通17号线歇甲村车辆段综合利用项目，位于昌平区东南角北七家镇歇甲村组团，距天安门广场直线距离约19km，距昌平区政府直线距离约25km，距未来科学城直线距离约3.5 km，距离17号线天通苑东站约1km。用地东侧为清河水系，紧邻清河湾森林湿地公园，西侧紧邻天通苑居住组团。用地东西长约1.25km，南北宽约0.36km。规划用地面积35.05ha，总建筑规模为51.71万㎡，其中上盖开发部分约20万㎡，包括住宅、幼儿园、商业配套；落地区6.83万㎡，包括住宅、小学、公交首末站。

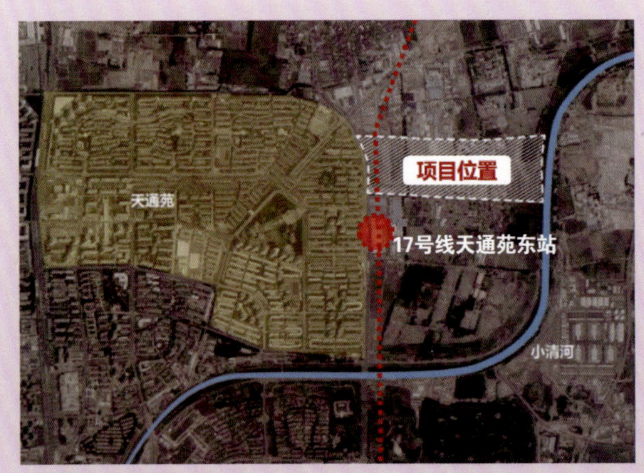

项目区位图

项目效果图

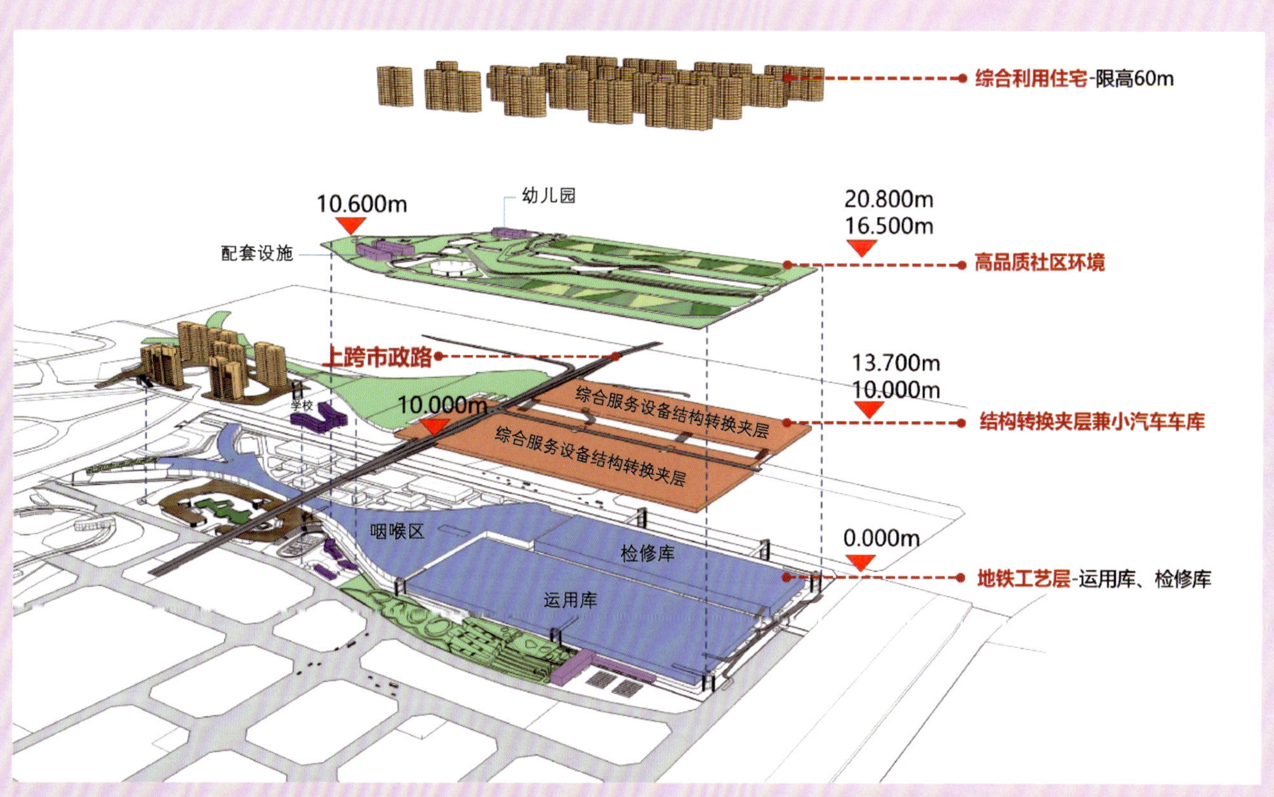

各层功能示意图

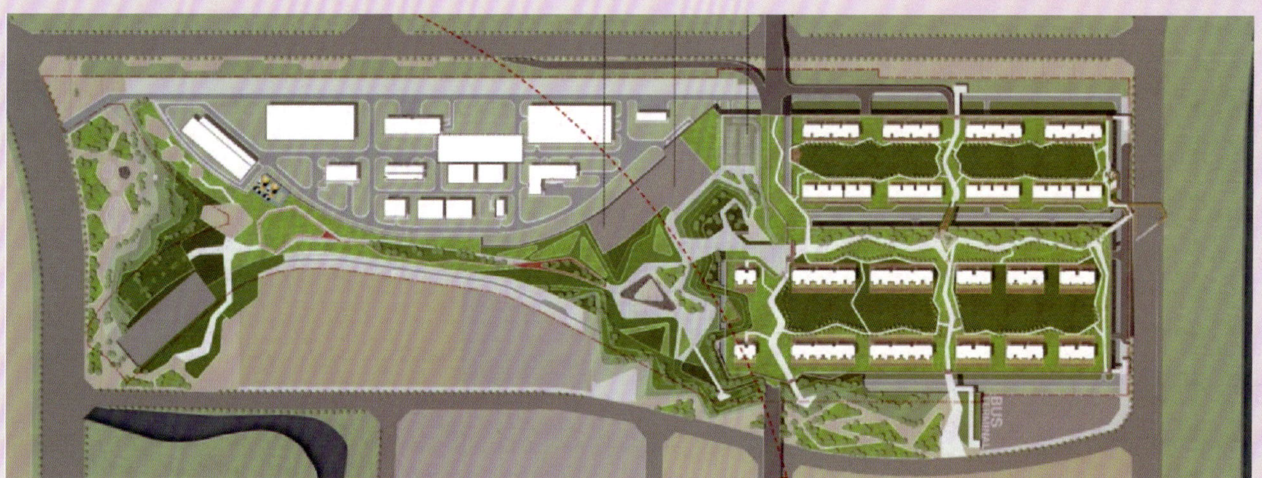

项目总图

4.7.4.2 设计方案
Project design

■ 上跨路加强车辆段南北两侧联系，上落客区引入车库

结合上跨路出入口及小汽车库出入口，车库内形成主通道，并在邻近各单体建筑垂直交通核处设置临时落客区，通过上跨路缝合城市空间，加密区域路网，并在上跨路上设置公交港湾，提升旅客便捷度。

上跨路与上盖物业关系示意图

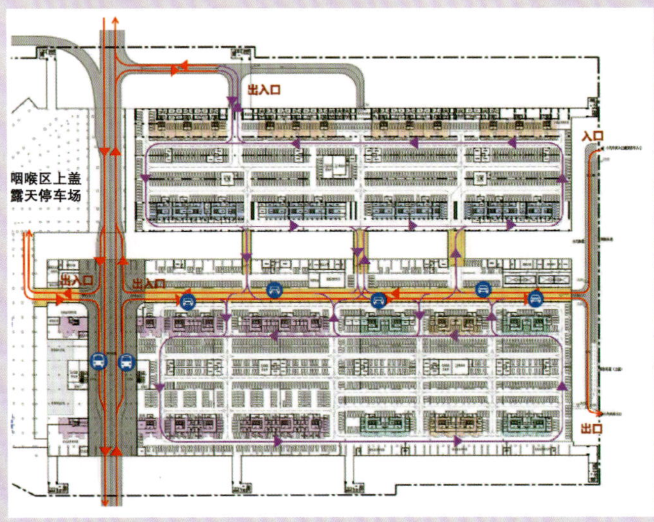

上跨路及车库组织示意图

■ 充分利用景观资源，营造城市绿地景观核心

将滨河景观渗透至街区内部；在车辆段上盖区域，结合工艺结构特色，打造连续台地景观界面，弱化高差的不利影响。借助车辆段侧壁绿地，设置城市景观绿地公园，为市民提供活动场地。

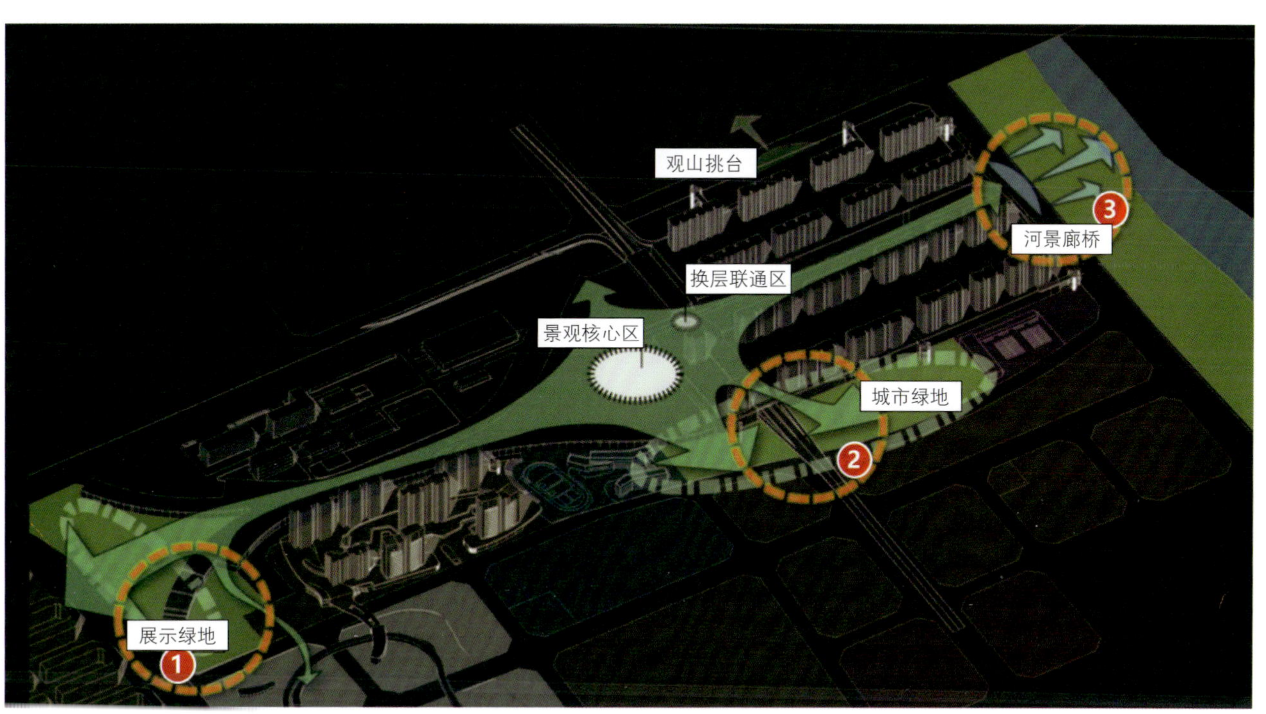

慢行系统示意图

场地西侧绿地空间

场地南侧台地花园

场地东侧人行天桥

景观节点设计示意图

4.7.4.3　经验启示
Experience enlightenment

项目充分结合基地条件，利用上跨道路实现缝合城市空间，结合出入口和车库内部组织，形成主通道，提高车库进出的灵活性和可靠性。利用景观手法，营造节点亮点，融合城市景观和风貌，自成一景。

05

第 5 章

数字化手段应用

THE APPLICATION OF DIGITAL MEANS

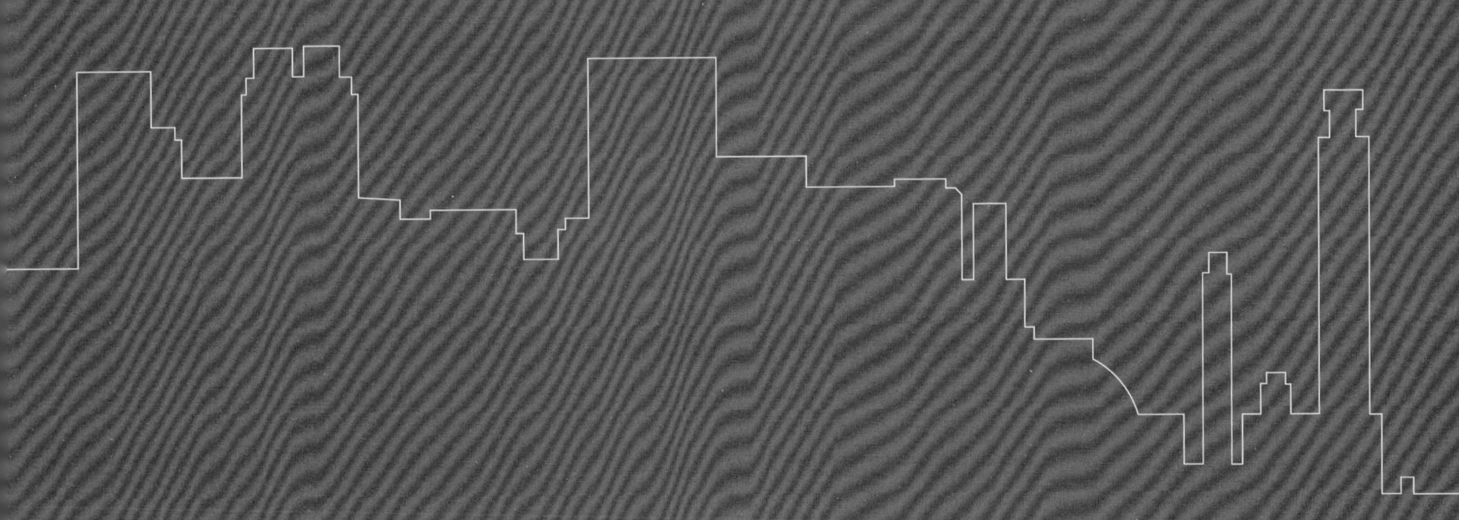

随着大数据的发展，各种数字化手段给轨道交通接驳的规划设计带来了新思路。数字化手段在轨道交通接驳规划设计中的应用，主要是通过收集和分析手机信令数据、轨道刷卡数据、网络地理信息数据等多种信息，来揭示轨道交通站点客流的时空分布特征，以及不同用户群体的出行需求和接驳方式。基于这些数据，可以对轨道交通站点进行更高效的交通需求评估、用地设施分析等，并针对每种类型的站点提出综合考虑慢行设计、地面公交接驳、非机动车接驳、设施布置等内容的接驳方案，从而实现轨道交通与其他交通方式的多元化衔接，提高城市交通运行效率和服务水平。

With the development of big data, various digital methods have brought new ideas to the planning and design of rail transit connection.The application of digital means in rail transit transfer planning and design mainly involves collecting and analyzing various information such as mobile phone signaling data, rail card swiping data, network geographic information data, etc., to reveal the spatiotemporal distribution characteristics of passenger flow at rail stations, as well as the travel demand and transfer modes of different user groups. Based on these data, more efficient traffic demand assessment and land facilities analysis can be conducted for rail transit stations, and transfer schemes that comprehensively consider slow traffic design, ground bus transfer, non-motorized vehicle transfer, facility layout and other contents can be proposed for each type of station. This can realize the diversified connection between rail transit and other modes of transportation, and improve the efficiency and service level of urban traffic operation.

基于大数据的交通接驳分析架构示意图

为了实现上述业务目标，需要对多源异构的数据进行跨源跨类融合，构建统一的数据标准。北京城建交通设计研究院有限公司自主研发的“城市仿真”数据底座平台提供了标准化数据资产和高效化数据服务，可为轨道交通接驳数字化诊断及后续优化、提升、治理提供全面、高效、可持续的数据支撑服务。

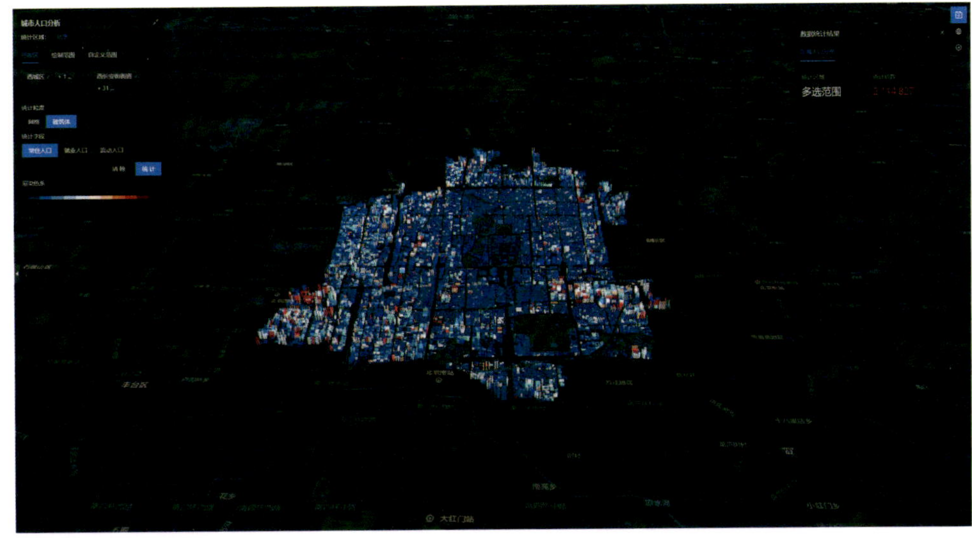

“城市仿真”数据底座平台

5.1 交通需求评估
Traffic Demand Assessment

交通需求评估是轨道交通接驳一体化规划的首要工作，应在整项规划设计工作的早期开展。交通需求评估的内容包含人口分布评估、岗位分布评估、出行时空分布等。评估应以城市全量数据为基础，不断下钻至行政区、街道、建筑体，采用多维度、数字化手段进行分析，可以更准确地反映出行者的需求和行为，为轨道交通接驳方案提供科学依据。

5.1.1 人口分布
Population Distribution

应通过城市人口空间分布数据，对轨道交通影响范围内的人口分布进行从行政区级别到站点周边建筑体级别的多维分析，掌握不同层级的人口规模及分布，进行可视化展示和模拟预测，为轨道交通接驳方案需求预测阶段提供更可靠的支持。

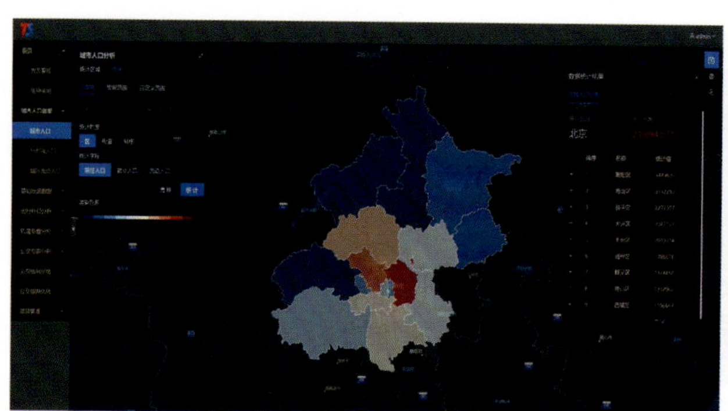

行政区级别人口分布

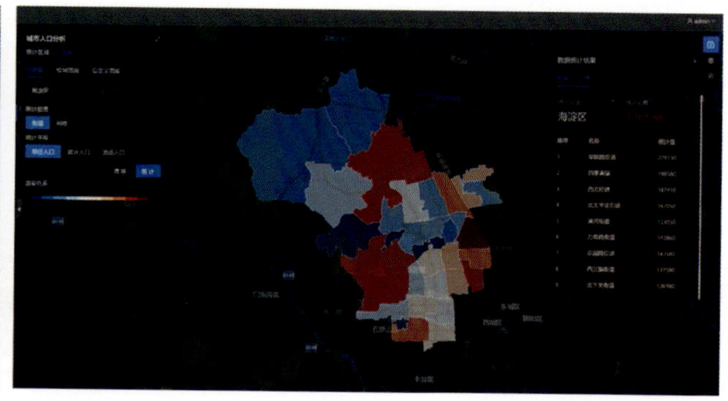

街道级别人口分布

轨道交通线网级别人口分布

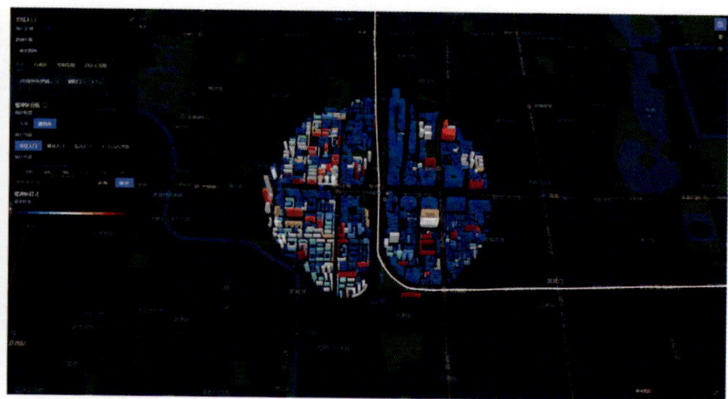

北京复兴门站 1km 范围覆盖的建筑体级别的常住人口数量

西北

东北

西南

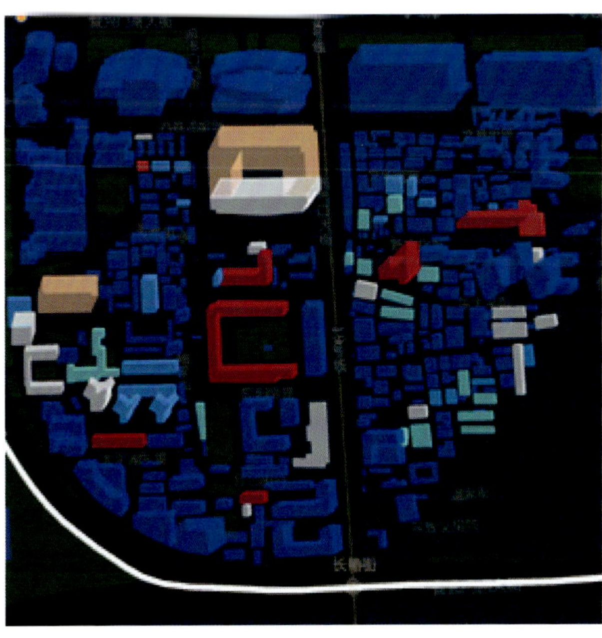

东南

北京复兴门站分象限建筑体级别的常住人口统计

5.1.2 岗位分布

Post Distribution

应通过城市岗位空间分布数据，对轨道交通影响范围内的岗位分布进行从行政区级别到站点周边建筑体级别的多维度分析，掌握不同层级的岗位规模及分布，进行可视化展示和模拟预测，为轨道交通接驳方案需求预测阶段提供更可靠的支持。

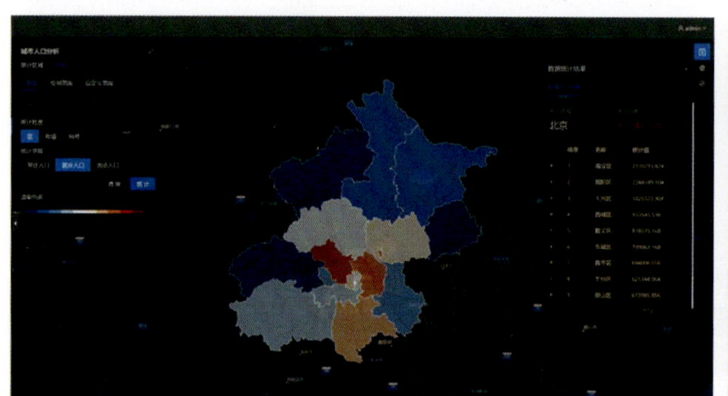

行政区级别岗位分布

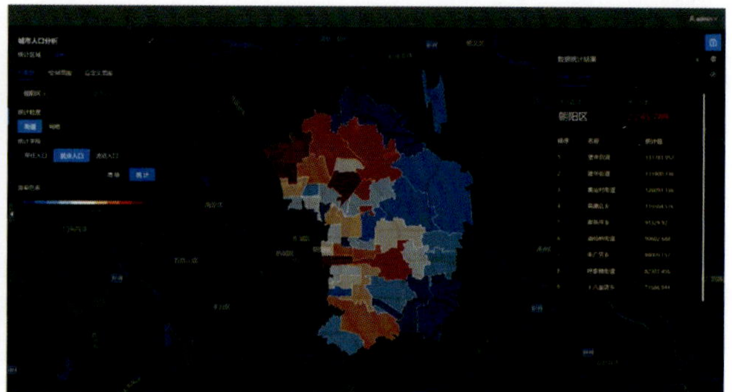

街道级别岗位分布

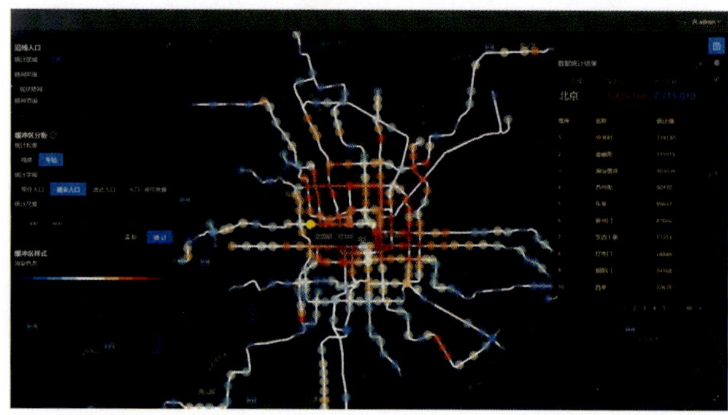

轨道交通线网级别岗位分布

北京复兴门站 800m 范围覆盖的建筑体级别的就业岗位数量

西北

东北

西南

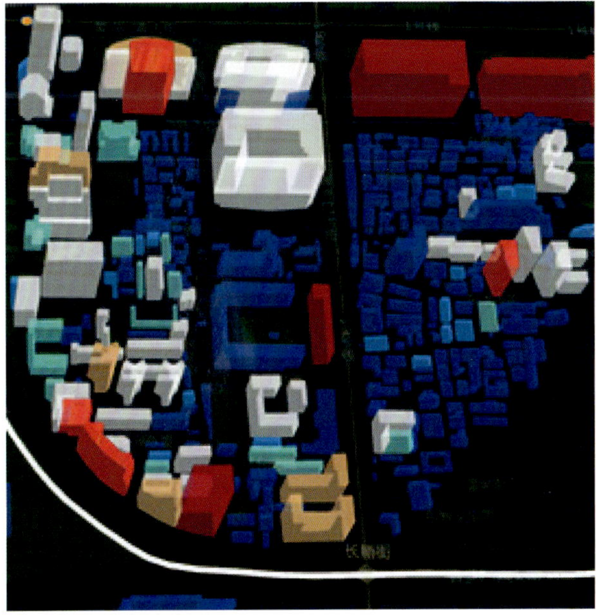

东南

北京复兴门站分象限建筑体级别的就业岗位统计

5.1.3 出行特征分布
Travel Characteristics Distribution

应通过城市出行大数据、手机信令数据和轨道交通运营数据，对轨道交通影响范围内的出行特征进行从区域级别到站点级别的多维度分析，掌握不同层级的出行需求及模式，以及客流分布、出行模式、乘车偏好等方面的特点，为轨道交通接驳方案设计阶段提供更可靠的支持。

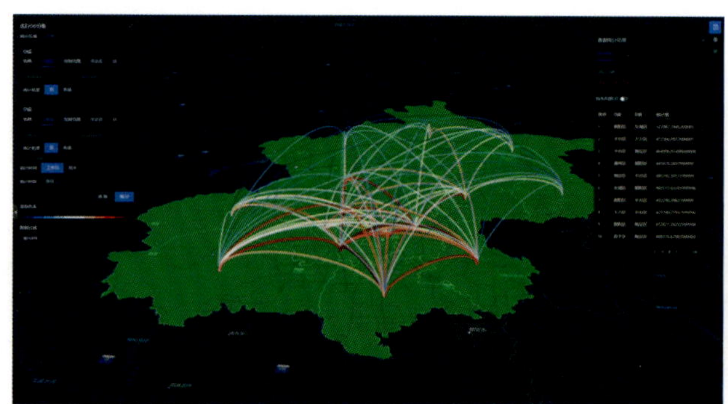

城市总体 OD 分布

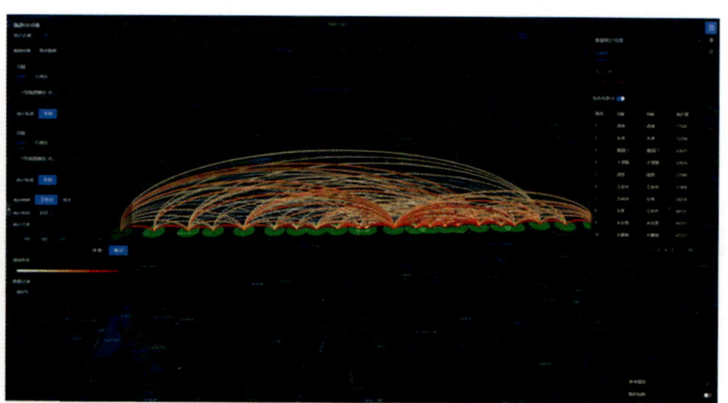

北京地铁 1 号线出行 OD 分布

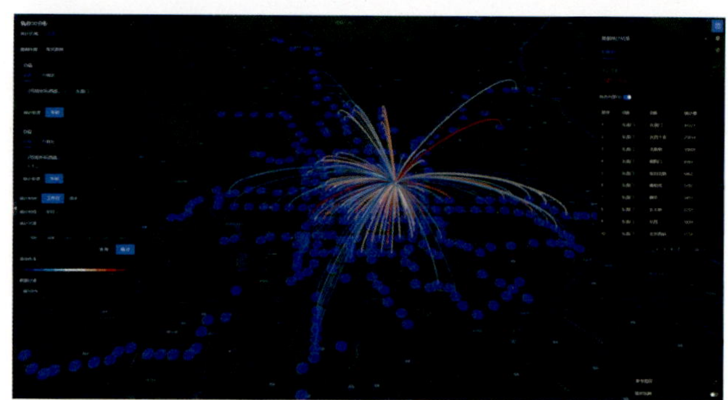

北京地铁东直门站出行 OD 分布

实现精细化的接驳服务，需要精确掌握各区域的需求特征，并在合适的区域有针对性地规划接驳资源。充分利用大数据可以全面掌握不同站点的末端出行需求，而综合运用数字化手段可以辅助决策者和规划者确定站点区域和规划，从而最大程度地保障和提高乘客的出行体验。

5.2　用地设施分析
Land Facilities Analysis

用地设施分析应在整项规划设计工作的早期开展。利用数字化手段可以提高城市用地分析效率，减少人工成本，提高数据的准确性和可靠性，更好地满足城市规划需求，提高城市规划的科学性和精准性。城市用地分析包括对轨道交通车站一定范围内的开发强度分布、用地类型分布、公共服务设施分布、路网可达性等分析。

5.2.1　开发强度分布
Development Intensity Distribution

根据轨道交通站点和线路划分影响范围，并利用城市建筑体数据，采用空间统计和聚类分析等方法计算各区域的用地开发强度指标，最后通过可视化技术展示轨道与沿线城市状况的互动关系。

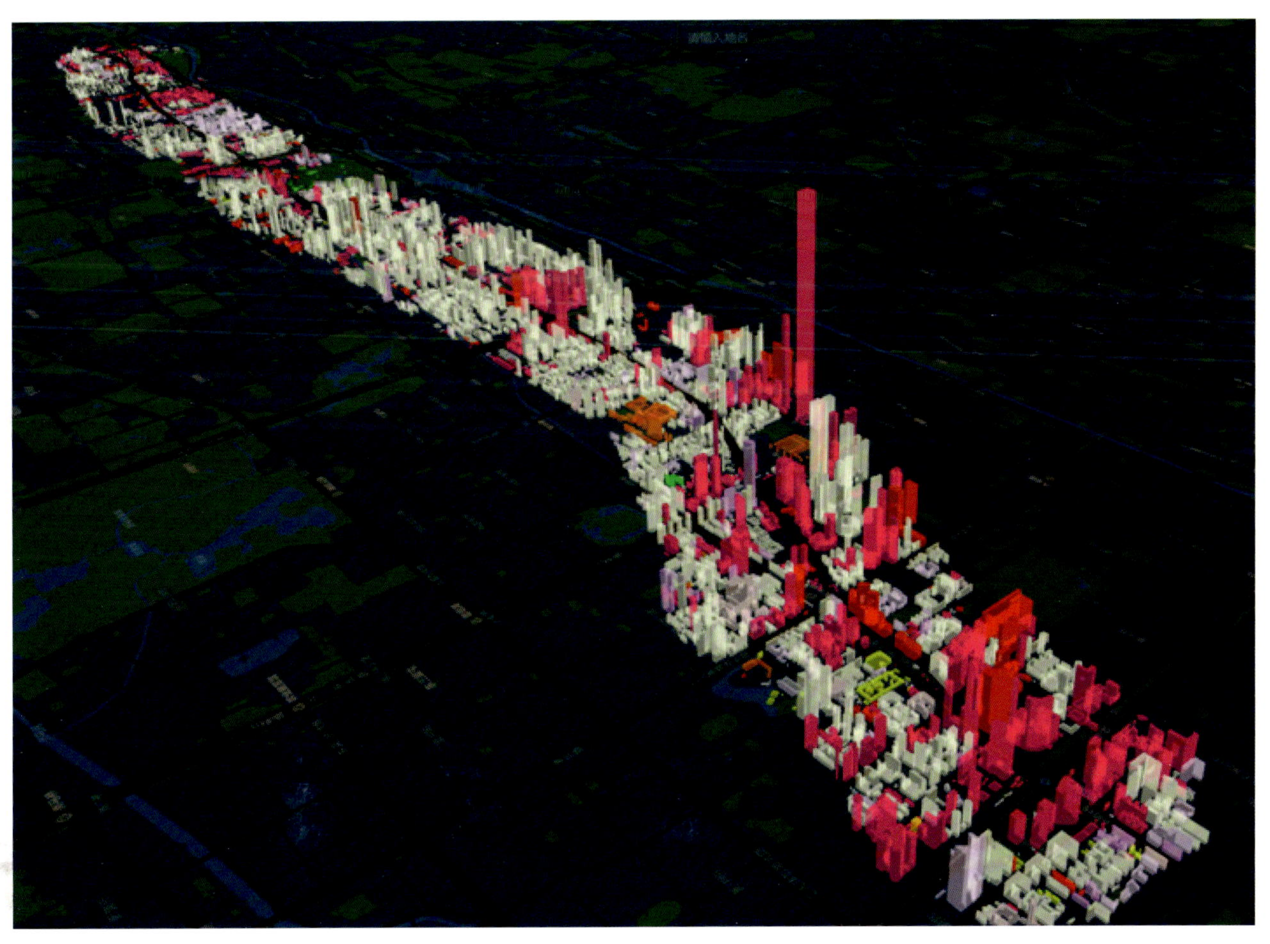

轨道交通沿线开发强度分布

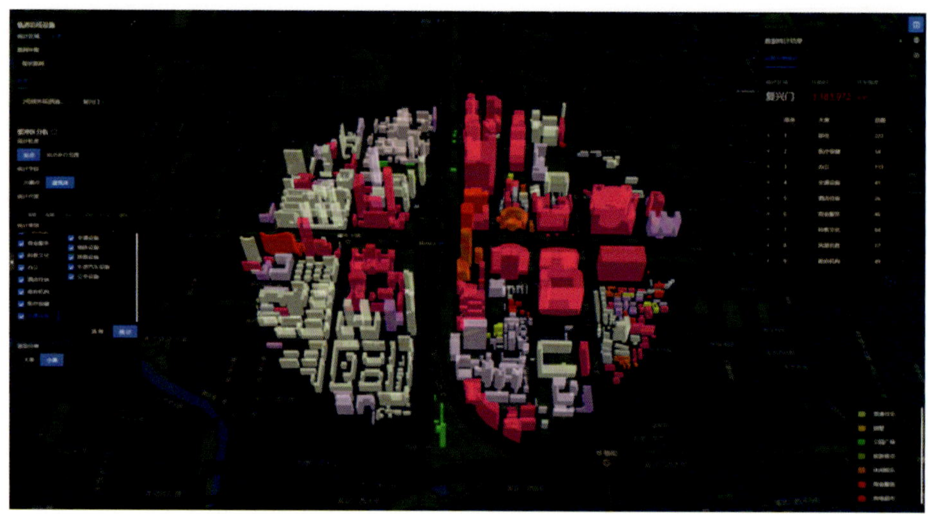

北京复兴门站 800m 范围内开发强度分布

西北

东北

西南

东南

北京复兴门站分象限建筑体级别的开发强度分布

5.2.2　用地类型分布
Land Type Distribution

城市兴趣点（POI）数据可用于分析轨道交通车站周边的用地类型。通过对轨道交通影响范围内的 POI 数据进行统计和可视化，可以了解车站周边的用地分布情况，从而评估轨道交通车站的车站类型和接驳设施需求。

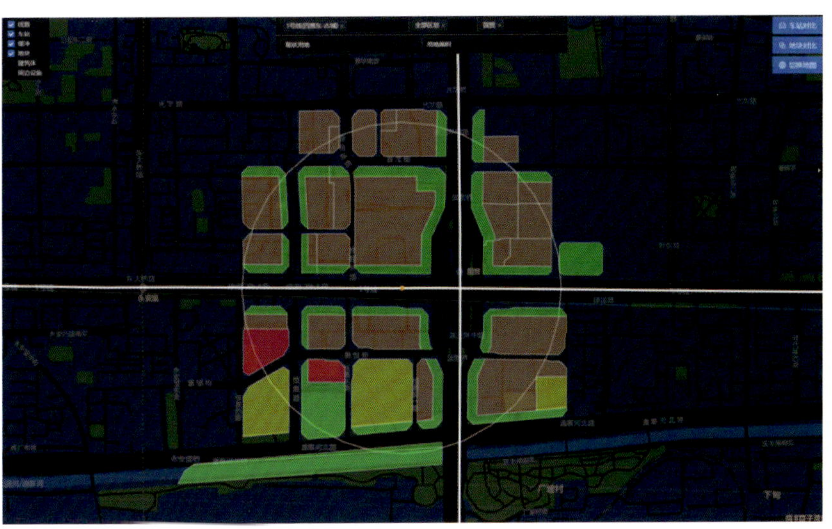

轨道交通车站周边现状用地类型分布

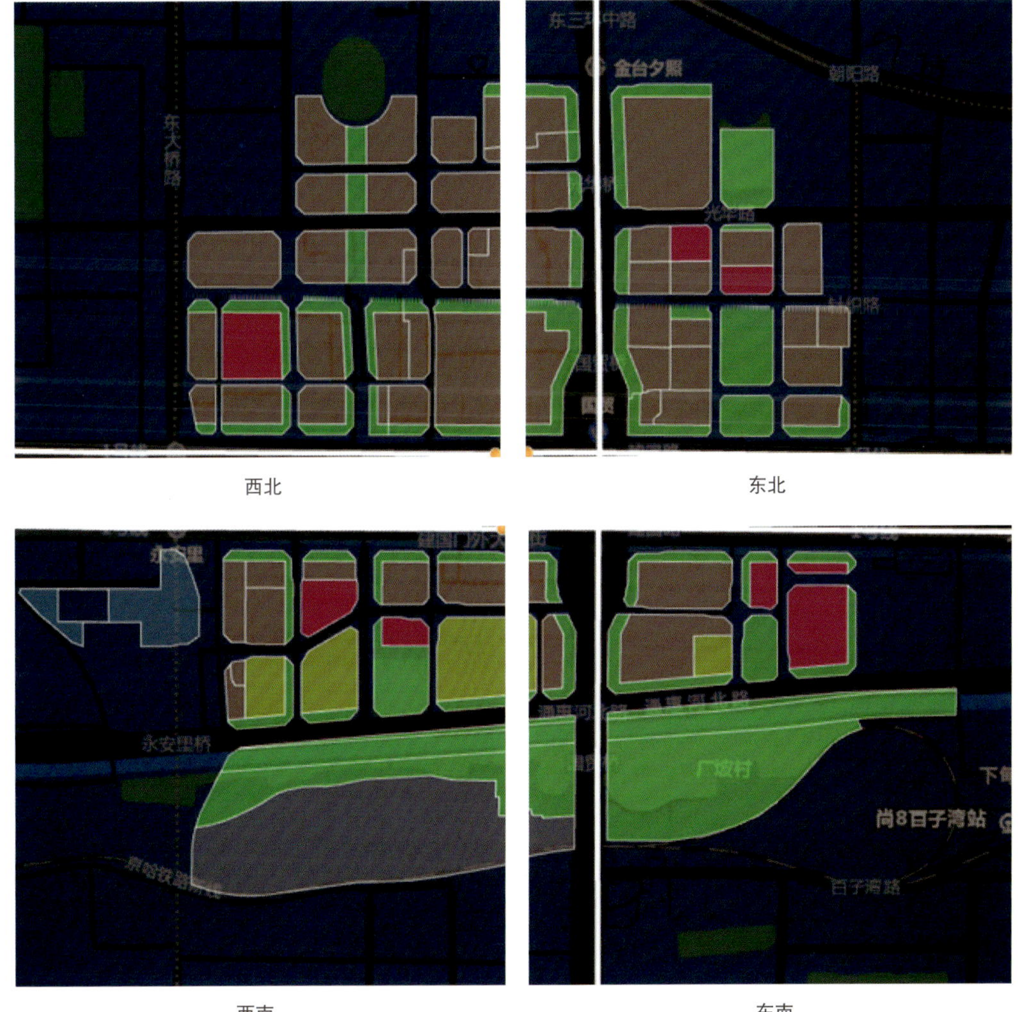

北京国贸站分象限现状用地类型分布

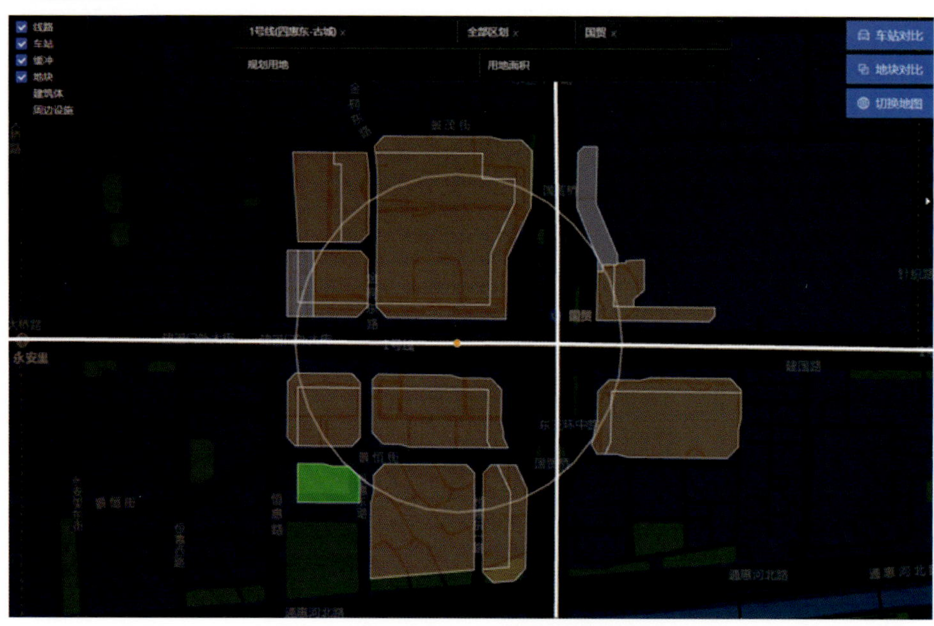

轨道交通车站周边规划用地类型分布

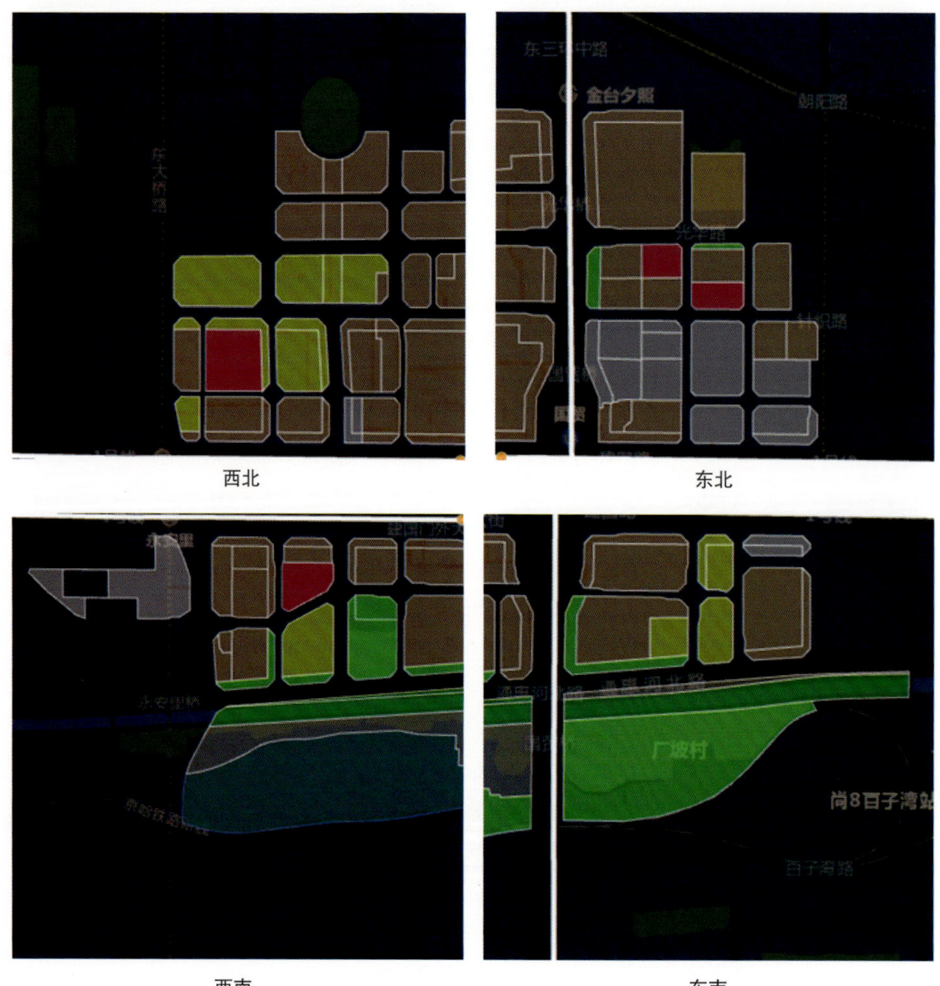

北京国贸站分象限规划用地类型分布

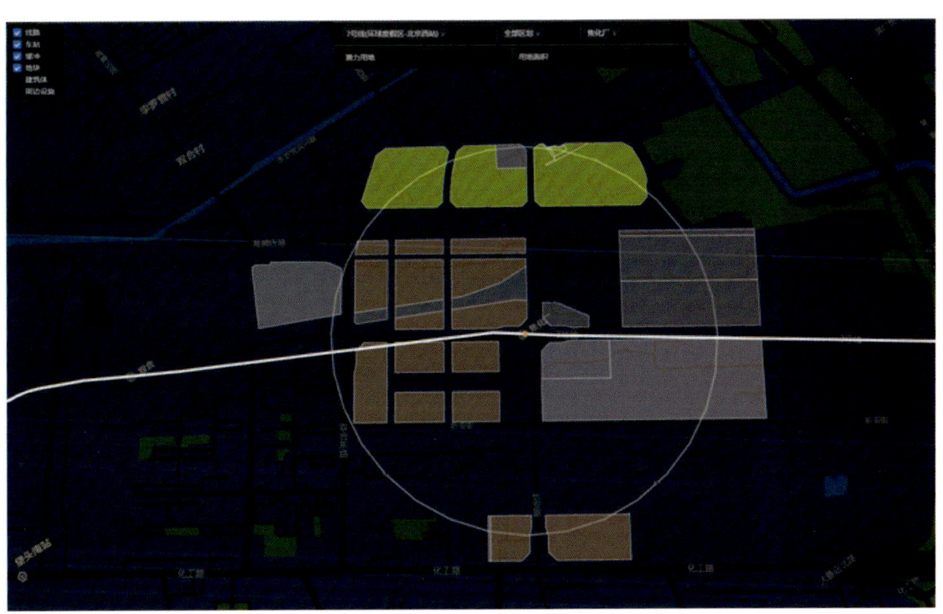

轨道交通车站周边潜力用地类型分布

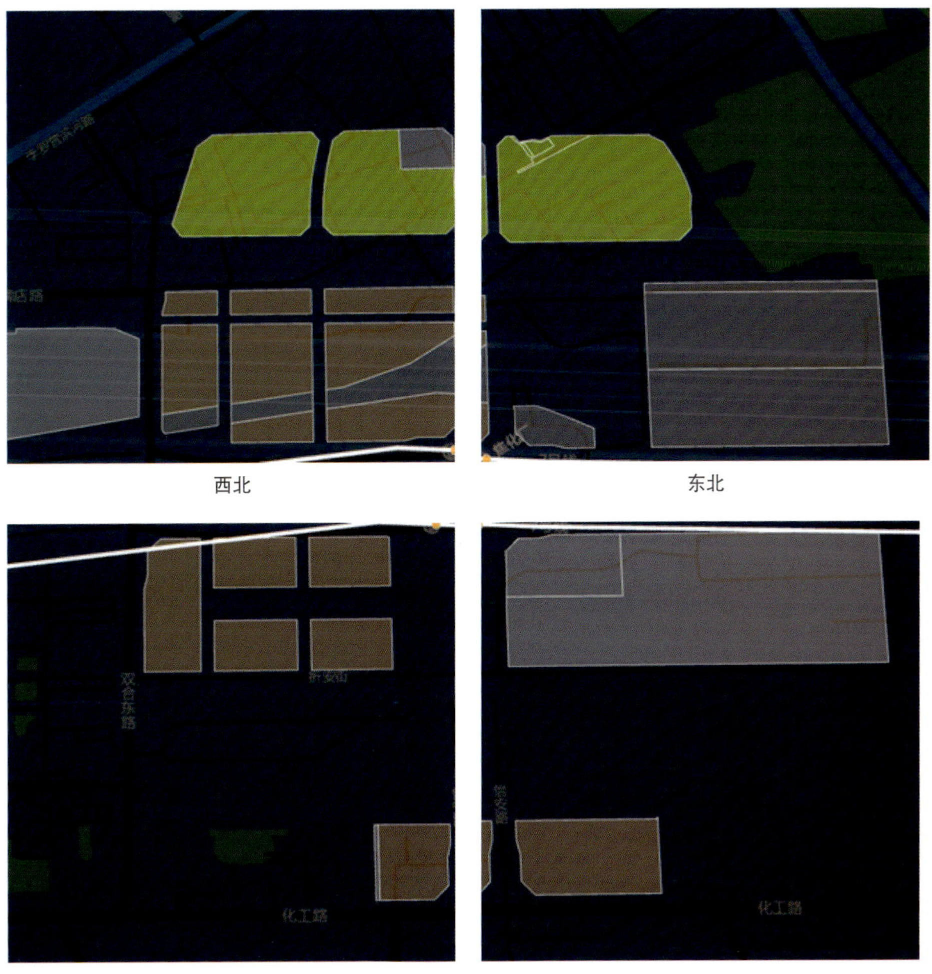

西北　　东北

西南　　东南

北京焦化厂站分象限潜力用地类型分布

5.2.3 公共服务设施分布

Distribution of Public Service Facilities

通过分析车站周边公共服务用地的 POI 数据，可以了解车站周边公共服务用地的分布情况，包括商店、餐厅等类型的公共服务用地，有助于规划者了解公共服务用地的供需情况，从而评估轨道交通车站的车站类型和接驳设施需求。

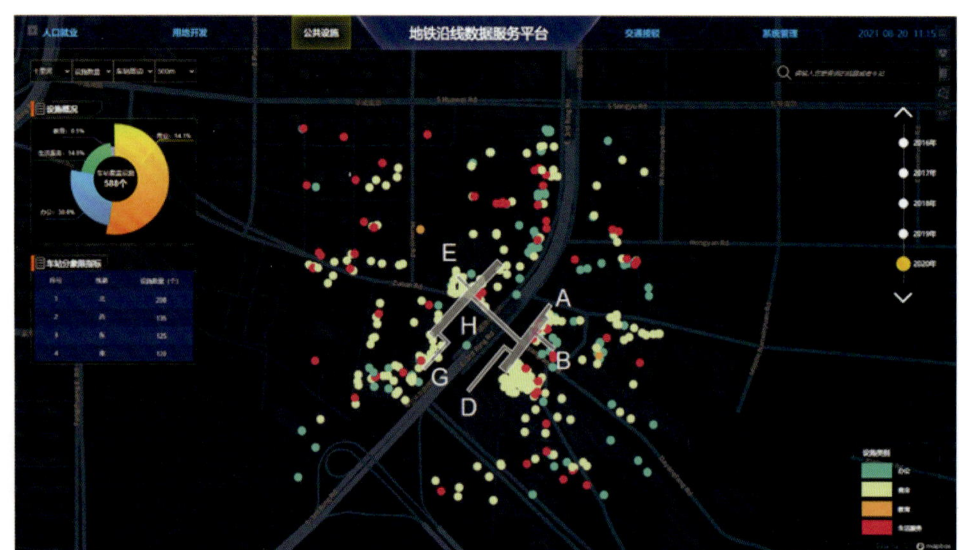

公共服务设施分布（分出入口）

5.2.4 路网可达性分析

Road Network Accessibility Analysis

利用城市路网数据，分析轨道交通步行可达性范围，评估轨道交通车站周边的慢行交通服务水平。通过这种方法，可以了解轨道交通车站周边的交通状况，并为车站的慢行接驳设计提供设计依据。

北京六里桥站步行 5min 可达性范围

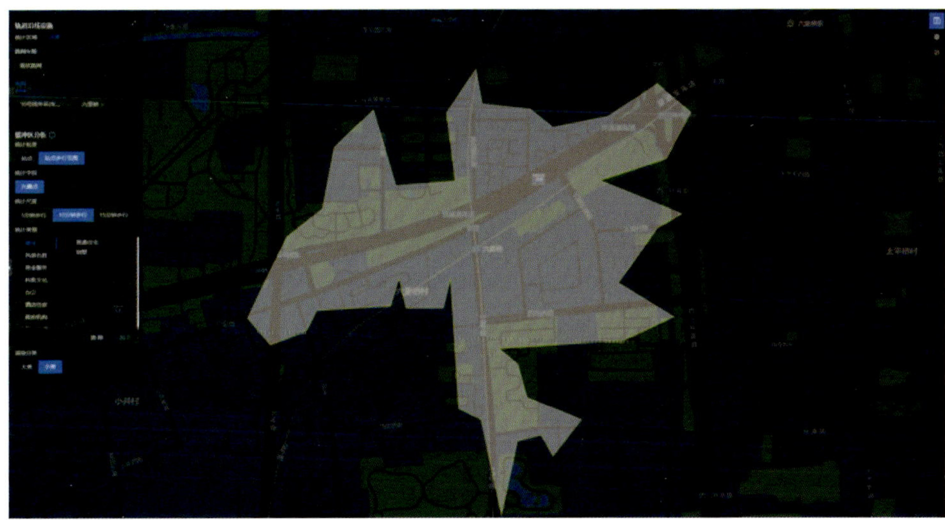

北京六里桥站步行 10min 可达性范围

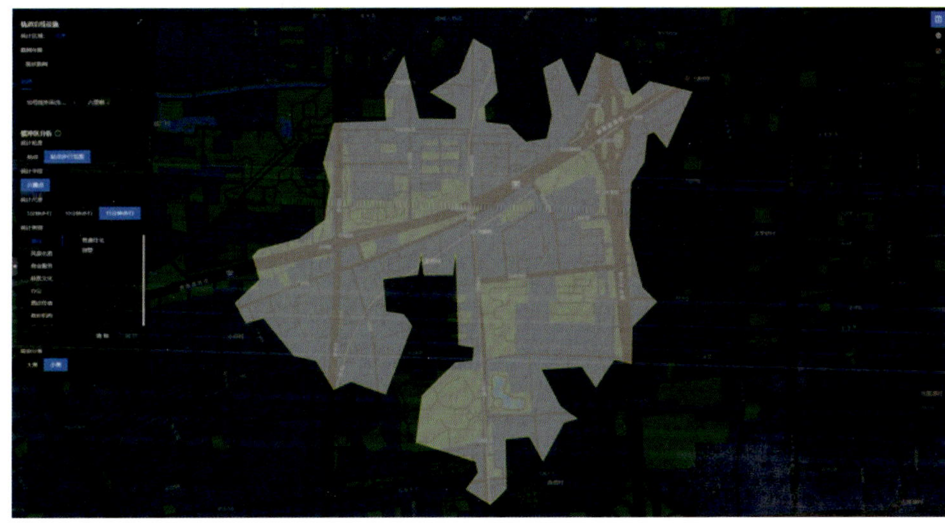

北京六里桥站步行 15min 可达性范围

实现精细化的接驳服务，需要掌握轨道站点周边用地性质与开发强度。充分利用大数据技术可以全面了解和掌握不同轨道站点周边的开发现状及潜力用地；综合运用数字化手段可以集约轨道交通车站的土地资源，提高轨道交通系统的运营效率，促进轨道交通系统合理引导城市空间结构发展。

5.3 客流预测分析

Passenger Flow Forecast Analysis

轨道交通接驳一体化服务是指通过优化轨道交通与其他交通方式的衔接，提高乘客出行效率和舒适度的服务。为了实现这一目标，需要对轨道交通客流进行多维度的预测与监测分析，掌握客流的规模、结构、变化和需求，从而为轨道交通接驳提供科学合理的设计依据。

5.3.1 客流预测

Passsenger Flow Forecast

优化轨道交通车站接驳设计，需要充分掌握轨道线网未来客流特征。通过线网客流预测系统，可以利用人工智能技术预测未来客流变化趋势，为轨道交通车站接驳设计的优化提供支持。

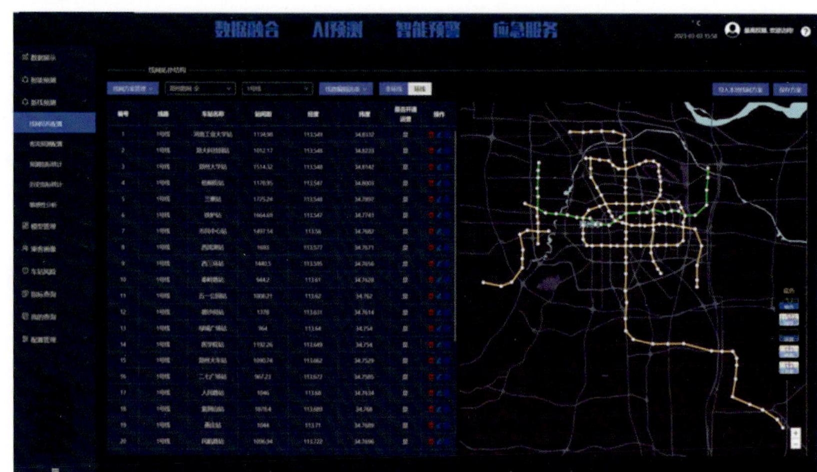

线网方案管理
（来源：客流预测系统）

客流预测结果
（来源：客流预测系统）

5.3.2　客流监测
Passenger Flow Monitoring

优化轨道交通车站接驳设计，需要充分掌握现状轨道交通客流特征。利用客流监测系统，可以监测客流的时间分布和空间分布；利用人工智能技术，可以预测未来客流变化趋势。

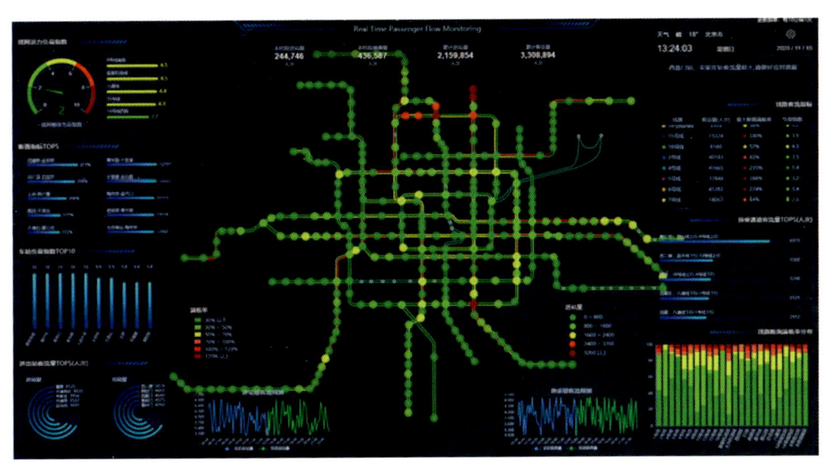

线网客流监测
（来源：轨道交通客流动态客流分析及监测平台）

实现精细化的接驳服务，需要精确掌握车站客流变化趋势。充分利用大数据可以更全面地掌握车站客流现状及变化情况，优化末端接驳方案，从而最大限度地保障和提高乘客末端出行体验。

5.4　乘客出行调查
Passenger Travel Survey

轨道交通接驳一体化服务需要开展交通调查，以了解乘客的出行需求和行为。传统的人工调查方式因成本高、效率低、准确性差，已不适应现代的交通规划。先进的数字化、信息化调查手段则可以更高效、快捷地收集和分析交通数据，从而更好地支持规划。北京城建交通设计研究院有限公司采用“手环 + 小程序 + 后台系统”相结合的手段，克服单一定位方式导致的定位偏差并基于物联网实现轨迹数据实时更新，通过数字化手段获取地铁出行者全链条出行方式，进而分析乘客到站交通方式、流量等数据，为轨道交通接驳提供更准确的数据支撑。

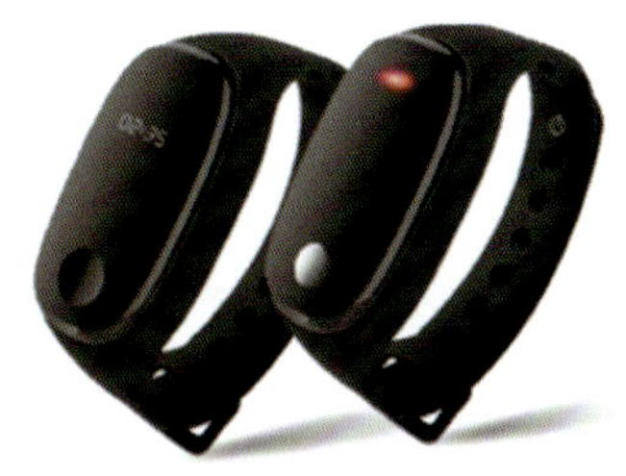

出行轨迹调查手环

出行轨迹调查手环推送系统

5.5　接驳方式分析
Connection Mode Analysis

轨道交通车站的接驳规划设计，需要考虑除步行外的各类交通方式，如非机动车、地面公交、出租汽车等。对于运营中的车站，可用数字化手段分析各类接驳交通方式的相关数据，总结使用规律，制定具有针对性的规划方案。

5.5.1　共享单车监测
Bike-sharing Monitoring

共享单车监测系统可通过蓝牙探针技术，对轨道交通车站周边的共享单车停放情况进行详细监测，充分掌握车站周边共享单车的使用规律，从而更为精准地确定轨道交通车站出入口的非机动车接驳设施规模。

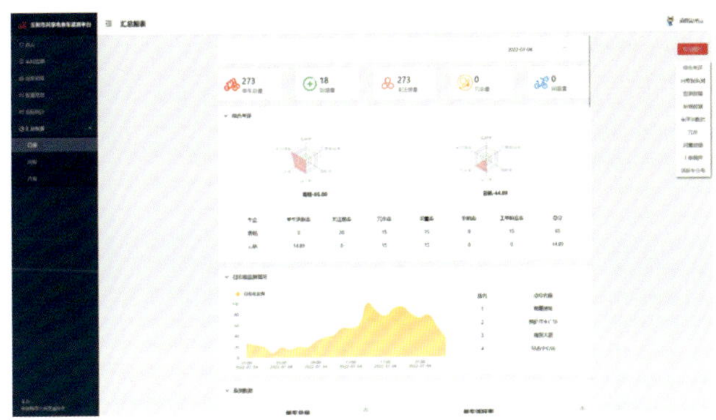

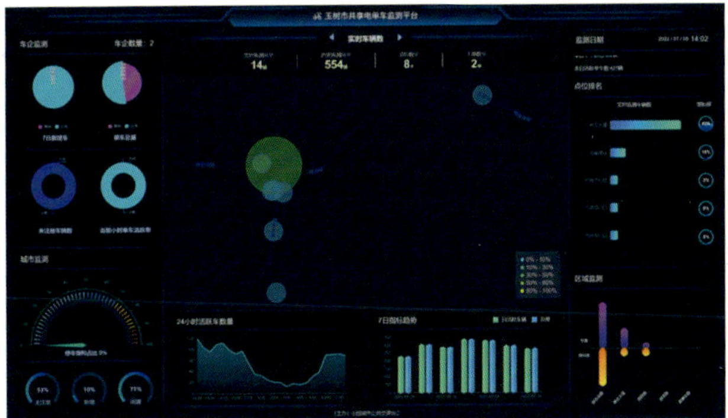

共享单车监测平台
（来源：玉树市共享电单车监测平台）

5.5.2　公交线网优化
Bus Network Optimization

“公交线网优化”系统可通过“现状评估—线路优化—方案仿真”，实现全过程一体化的公交线网智能优化，从而优化轨道交通与地面公交的关系，使轨道交通与公交换乘更加便利。

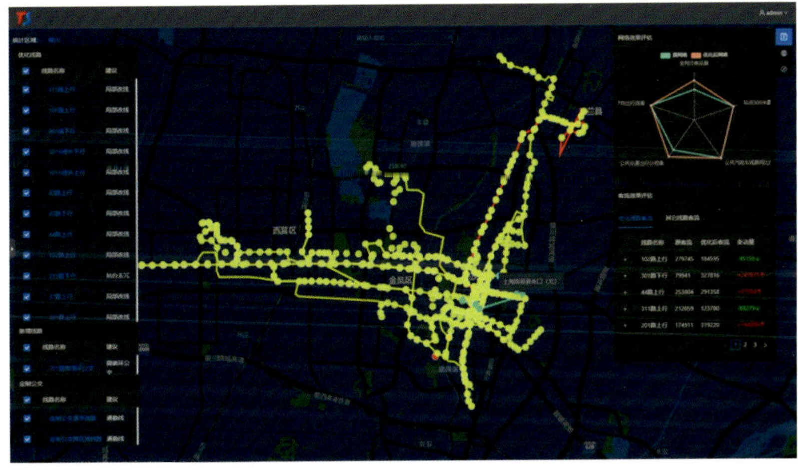

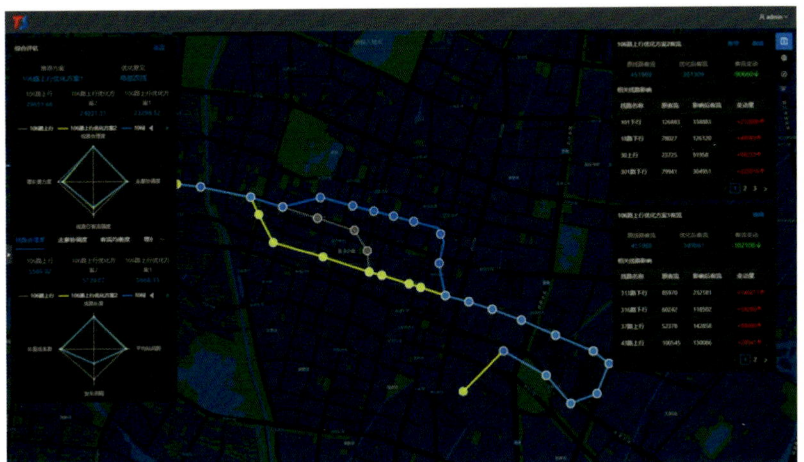

公交线网优化前后指标对比
（来源：公交线网智能优化平台）

06

第 6 章

体制机制保障

SAFEGUARD
MECHANISM

接驳一体化的实现是建立在规划设计方案的基础上的，更需要依赖设施的建设及后期的运维管理。建立严格、完善的体制机制是规划设计方案落地的重要保障。

Based on the planning and design scheme, the realization of connection integration needs to rely more on the construction of facilities and the later operation and maintenance management. Establishing a strict and perfect system and mechanism is an important guarantee for the implementation of planning and design schemes.

6.1 各城市轨道交通接驳设施建设程序 Procedures for the Construction of Urban Rail Transit Connection Facilities

6.1.1 北京市轨道交通接驳设施建设程序 Procedures for the Construction of Beijing Rail Transit Connection Facilities

6.1.1.1 规划设计程序 Planning and design program

北京市要求轨道交通接驳设施的规划设计应与轨道交通设计阶段相对应，两者密切配合，对每个阶段的方案设计深度都有明确要求。例如：

■ 规划阶段

依据沿线用地规划以及轨道交通线路网规划等资料，预留交通接驳设施用地；结合轨道线路功能定位以及相关规划统筹分析确定公交场站、小汽车驻车换乘停车场等大型接驳设施的必要性及规划选址；结合用地规划、出行方式调查等相关资料，对各项交通出行方式比例划分以及设施规模提出规划意见。

■ 可行性研究阶段

确定车站服务等级；进行交通接驳设施规模预测。

初步设计阶段

依据车站总平面设计、各站口分向客流预测等相关资料，进一步核实交通接驳设施规模；提出交通接驳设施所需水电容量需求；确定交通接驳设施设计方案。

施工图阶段

完成交通接驳设施施工图设计。

6.1.1.2 实施审批流程
Implement the approval process

北京市规划和自然资源委、发改委和交通委三个部门共同推进交通接驳设施规划工作。其中，北京市规划和自然资源委负责组织交通设施规划的方案研究，北京市发改委和交通委组织交通接驳设施的工程建设，具体实施一般由北京市基础设施投资有限公司和北京市轨道交通建设管理有限公司负责。

以轨道交通可行性研究阶段为分界，在轨道交通可行性研究阶段之前，需明确轨道交通接驳设施的实施主体、实施资金。同时，市规划和自然资源委及交通委以会议纪要的方式明确宏观层面的交通接驳设施相关规划选址意见和规划条件。在轨道交通可行性研究阶段之后，结合轨道交通初步设计开展交通接驳设施的规划方案编制工作，并在轨道交通施工图阶段之前制定交通接驳设施的规划方案，市规划和自然资源委以会议纪要的方式明确微观层面的交通接驳设施规划方案。轨道交通施工图阶段，市规划和自然资源委对轨道交通接驳设施的控制性详细规划进行审批，并且核发“两证一书”。

北京市轨道交通接驳实施审批流程如下所示。

北京市轨道交通接驳实施审批流程

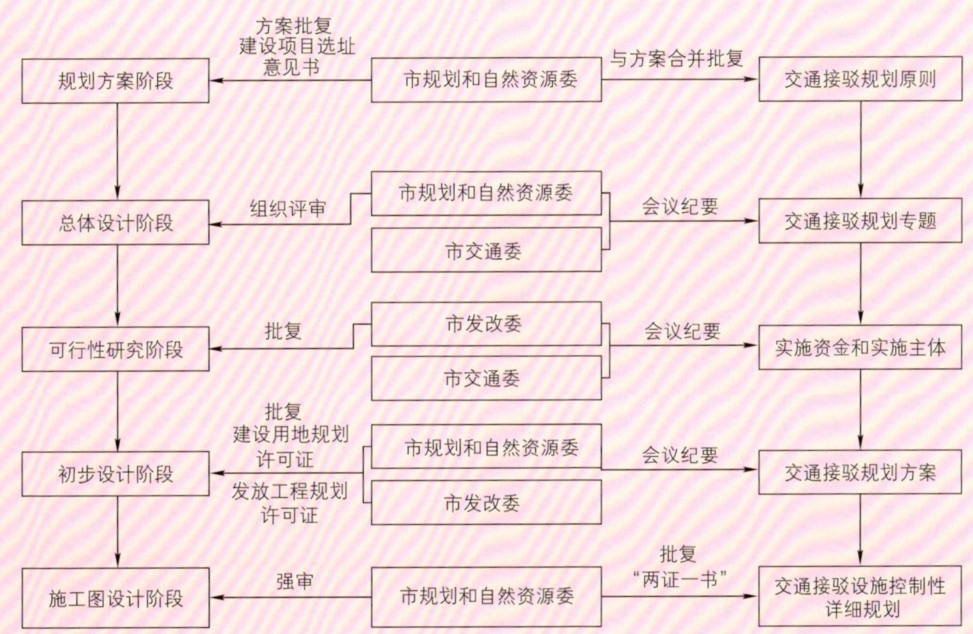

6.1.2 深圳市轨道交通接驳设施建设程序
Procedures for the Construction of Shenzhen Rail Transit Connection Facilities

深圳市轨道交通接驳建设程序较为完善，已经形成与城市规划体系、交通规划体系、轨道交通建设相对应、相互动的规划程序和建设审批制度。交通接驳规划设计自轨道交通详细规划阶段（线路及综合枢纽）介入，贯穿工程可行性研究阶段规划方案落地研究、初步设计阶段车站交通设计、施工疏解及交通接驳设施工程设计等阶段。每个阶段交通接驳的主要任务如下：

6.1.2.1 轨道交通详细规划阶段（线路及综合枢纽）
Rail transit detailed planning stage (line and integrated hub)

主要目的是落实 TOD 及交通一体化发展理念，协调轨道交通与城市规划、土地利用及综合交通发展的关系，为规划设计管理及用地控制提供依据。线路详细规划的主要任务是进行线路、车站和车辆基地布局规划，分析线站位和车辆基地与土地利用的协调关系，并提出必要的调整建议，进行换乘及接驳规划。综合枢纽详细规划的主要任务是进行枢纽内部、出入口、接驳与换乘交通分析，确定各项交通设施设计指标、空间布局以及交通组织方案，对周边地区道路交通网络提出改善建议。

6.1.2.2 工程可行性研究阶段规划方案落地研究阶段
Engineering stage planning scheme landing research stage

主要任务是落实政府规划意图，结合工程因素完善规划方案。内容包括线路功能定位及建设必要性分析、线路客流预测、线路技术标准分析、运营组织方案、线站位方案优化及车辆基地规划、车站规模研究及换乘方案设计等。

6.1.2.3 初步设计阶段车站交通设计阶段
Preliminary design stage station traffic design stage

主要任务是协调轨道交通与周边建筑及道路交通设施的关系，落实交通接驳设施布局方案。主要包括车站客流分析，车站内部交通组织设计，车站出入口、风亭等设施布局，车站交通接驳换乘设施规划设计以及初步设计技术审查等内容。

6.1.2.4 施工疏解及交通接驳设施工程设计阶段
Construction dredging and traffic connection facilities engineering design stage

主要任务是缓解施工期间道路交通压力，落实交通一体化方案。内容包括施工期间交通影响评估、交通网络疏解方案、施工区域周边交通疏解方案以及交通接驳设施设计等。

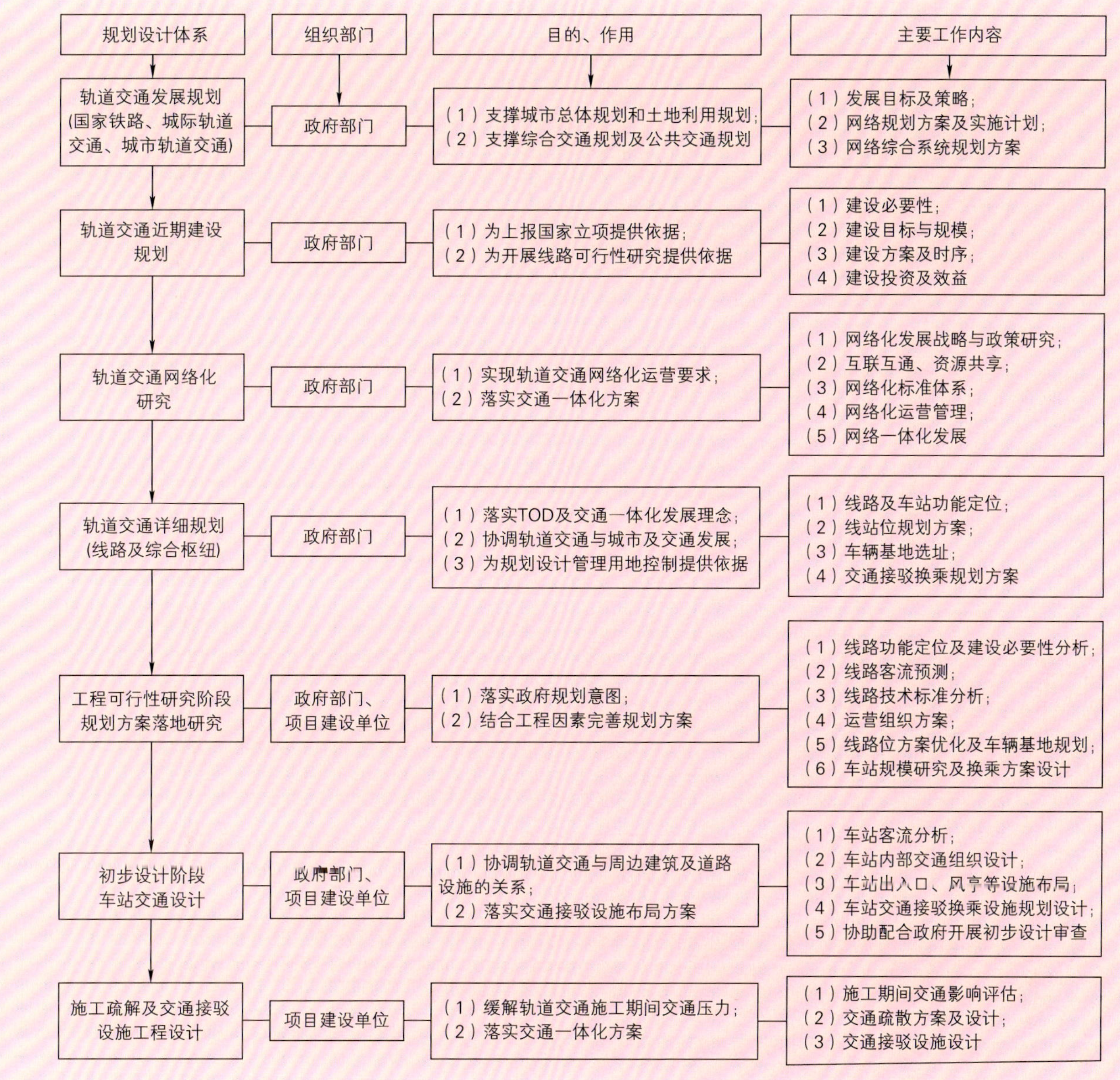

深圳市轨道交通接驳设施规划设计程序和主要技术内容

6.2　建立同步审批程序
Establish a Synchronous Approval Process

从北京、深圳的实践经验来看，交通接驳设施与轨道交通建设相同步是保障交通接驳设施建设成败的关键。因此，应根据轨道交通建设各阶段的技术特点，对交通接驳设施的规划设计深度和具体内容提出明确要求，同步规划、同步设计、同步建设。同时，在规划编制、项目实施、竣工验收、运营维护各环节应明确政府相关部门的主体责任，厘清权责划分，并建立协同机制，形成科学的规划程序和顺畅的审批体系两股合力，从而保障交通接驳设施与轨道主体工程相协调、与城市发展相适应的良好发展格局。

6.3 建立协同机制
Establish a Collaborative Mechanism

轨道交通接驳设施的规划、建设、管理涉及众多政府部门以及不同的公众利益群体，也常常出现因为体制机制不顺畅导致的方案实施性低、落实效果不佳的问题，制约了轨道交通车站功能的发挥。因此，应针对“九龙治水”的问题，建立从立项、编制、审批，到建设、运维等全周期过程的多部门协同合作框架，形成适应本地城市的多元主体协同的交通接驳体制机制。规划设计阶段，视项目需要可建立多部门联合审查机制，并广泛征求公众意见；实施阶段，政府各有关部门应相互协调、统筹组织、加强横向联系，合力解决工程建设过程中的困难，推进工程整体进度。接驳设施建成后，应明确接驳设施的管理主体和管理责任，落实对接驳设施的管理和维护工作，保障设施的顺利有效运行。

6.3.1 目标 1：分工协同
Goal 1: Departmental Collaboration

换乘接驳设施的建设全过程和实施主体，可能与常项分工不完全一致，与常规建设项目对比存在复杂性与特殊性。建立协同机制的首要任务就是将换乘接驳设施的各项工作分给各部门，使其明确责任分工和界面。

6.3.2 目标 2：规划协同
Goal 2: Planning Collaboration

各主管部门积极参与换乘接驳设施专项规划工作，确保规划可实施。各专项设施的规划，涉及轨道接驳的要优先深化落地。

6.3.3 目标 3：审批协同
Goal 3: Approval Collaboration

优先审批交通设施的各专项工程中轨道交通迫切需要的换乘接驳设施，为同步实施创造条件。行政审批还包括招投标、绿化迁移、用地等项目。

6.3.4 目标 4：设计协同
Goal 4: Design Collaboration

各主管部门根据协同的分工任务，分别进行换乘接驳设施设计，并及时协调接口界面。

6.3.5　目标 5：实施协同

Goal 5: Implement Collaboration

各类换乘接驳设施根据现场实施条件，排定施工顺序和时间，由各责任部门在场地、预留预埋等各方面做好配合，做到有序、安全、高效。

6.3.6　目标 6：环境协同

Goal 6: Environmental Collaboration

在建设各类接驳设施的同时，开展环境整治，设置文化墙、临时围挡、简单绿化、交通诱导标志等，方便乘客在接驳设施之间换乘。

6.4　分工协作实施

Division of Labor and Collaborative Implementation

分工协作有助于理清各方任务清单，对工作内容重叠的部分提前做好分工，发挥各权属单位优势力量，提高实施效率。

接驳一体化工作牵扯的权属主体、政府部门数量多、关系复杂，尽管各城市在政府机构组织方面略有差异，但总体而言可形成一套供借鉴的分工协作实施机制。常见的分工协作机制如下：

（1）市政府成立接驳一体化工作组，牵头编制接驳系统规划，并协调接驳设施各项工作（未成立工作组的城市可由市治堵办公室或自然资源局作为牵头单位）。

（2）市自然资源局作为工作组成员单位，参与接驳系统规划，并加快规划许可审批。

（3）市发改委加快有关接驳项目的审批工作。

（4）市轨道公司/轨道建设指挥部作为工作组成员单位，负责对车站周边接驳设施的用地进行统一施工图设计;负责环境及相关道路临时改造；负责结合管线回迁公交站台、非机动车停车场的地坪浇筑，同步完成各类预埋件的埋设；负责社会非机动车停车设施。

（5）市交通委/公交集团作为工作组成员单位，负责监督规划方案可行性，实施公交站台的预埋件及候车棚安装，牵头协调非机动车停车场的实施，调整公交线路。

（6）市住建委作为工作组成员单位，落实P+R的城建资金配套。

（7）属地区政府负责实施非机动车停车场选点和接电、借地等落地协调，实施周边环境整治和P+R项目。

（8）市交管局作为工作组成员单位，参与接驳系统规划，提出出租汽车停车上落客点建设需求，并负责车站周边交通秩序管理。

（9）周边相关地块开发商根据上位规划要求落实用地规划条件中的接驳配套设施建设。

在工作组的牵头下，每周召开联席会议，对各部门、属地政府的工作任务按期进行督查、考核，并及时协调解决各种问题，保障各项工作得到有效的协同实施。

职责：负责对站点周边接驳设施的用地进行统一施工图设计；负责环境及相关道路临时改造；负责结合管线回迁公交站台、自行车停车场的地坪浇筑，同步完成各类预埋件的埋设；负责社会自行车停车设施

职责：实施自行车停车场选点和接电、借地等落地协调，实施周边环境整治和P+R项目

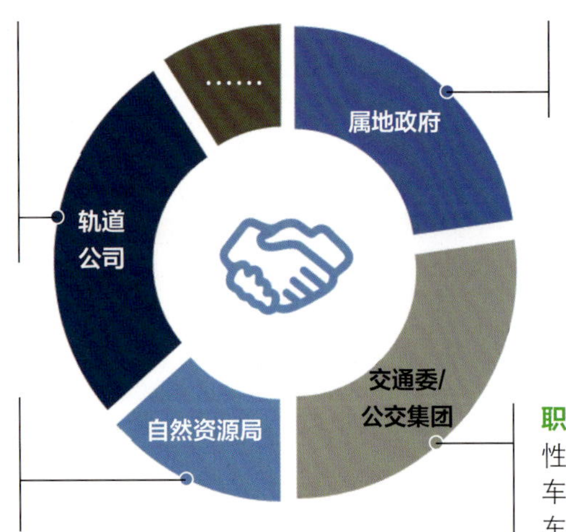

职责：参与接驳系统规划，并加快规划许可审批。可承担接驳一体化总牵头责任主体，协调多家单位利益

职责：责任监督规划方案可行性，实施公交站台的预埋件及候车棚安装，牵头协调自行车停车场的实施，调整公交线路

典型分工建议

6.5　落实资金保障
Fund Guarantee Implement

应重视财政对轨道交通接驳设施建设的支持力度，有条件的城市可设立专项资金，保障建设工程顺利进行以及后续设施的更新维护。同时完善轨道交通接驳的财政配套政策，研究非机动车、小汽车与轨道交通换乘停车费优惠政策，实行地面公交与轨道交通换乘优惠票价。通过财政配套政策发挥经济杠杆作用，吸引更多出行者选用公共交通方式出行，提高轨道交通客流效益的同时，与常规公交形成良性互动发展。

6.5.1　目标 1：建设资金保障
Goal 1: Guarantee of Funds for Construction

加大财政对轨道交通接驳设施建设的支持力度，有条件的城市可设立专项资金，保障建设工程顺利进行。

6.5.2　目标 2：运维资金保障
Goal 2: Guarantee of Operation and Maintenance Funds

完善轨道交通接驳的财政配套政策，保障接驳设施后期的更新维护工作。研究非机动车、小汽车驻车与轨道交通换乘时停车费的优惠政策，实行常规公共交通体系与轨道交通换乘优惠票价。通过财政配套政策发挥经济杠杆作用，吸引更多出行者选用公共交通方式出行，提高轨道交通客流效益的同时，与常规公共交通体系形成良性互动发展。

附录

APPENDIX

附录 1　车站接驳设施配置表

Station Connection Facilities Configuration Table

接驳设施			内容	居住为主类（A）	商务办公类（B）	交通枢纽类（C）	商业为主类（D）	特色类（E）	功能混合类（F）
综合交通枢纽 S	市级中心	行人	站点周边步行道			★			★
			站前广场			/			/
			行人过街设施			★			★
		非机动车	共享单车停靠点			☆			☆
			非机动车停车场			/			/
		公交	公交车停靠站			/			☆
			公交场站			★			★
		出租汽车、网约车	营业车辆停靠站			☆			☆
			营业车辆停车场			/			/
		小汽车	小汽车换乘停车场			×			×
		空间品质	交通信息交互设施			★			★
			街道家具及景观			★			★
	组团中心	行人	站点周边步行道			★			★
			站前广场			/			/
			行人过街设施			★			★
		非机动车	共享单车停靠点			☆			☆
			非机动车停车场			/			/
		公交	公交车停靠站			/			☆
			公交场站			★			★
		出租汽车、网约车	营业车辆停靠站			★			☆
			营业车辆停车场			☆			/
		小汽车	小汽车换乘停车场			/			/
		空间品质	交通信息交互设施			★			★
			街道家具及景观			★			★
	一般地区	行人	站点周边步行道			★			★
			站前广场			/			/
			行人过街设施			★			★
		非机动车	共享单车停靠点			/			☆
			非机动车停车场			☆			★
		公交	公交车停靠站			/			☆
			公交场站			★			★

续上表

接驳设施			内容	居住为主类（A）	商务办公类（B）	交通枢纽类（C）	商业为主类（D）	特色类（E）	功能混合类（F）
综合交通枢纽S	一般地区	出租汽车、网约车	营业车辆停靠站			★			★
			营业车辆停车场			☆			☆
		小汽车	小汽车换乘停车场			★			★
		空间品质	交通信息交互设施			★			★
			街道家具及景观			/			/
枢纽T	城市中心	行人	站点周边步行道	★	★		★	★	★
			站前广场	★	★		★	★	★
			行人过街设施	★	★		★	★	★
		非机动车	共享单车停靠点	★	★		☆	☆	☆
			非机动车停车场	☆	/		/	☆	☆
		公交	公交车停靠站	★	★		★	★	★
			公交场站	/	/		/	/	/
		出租汽车、网约车	营业车辆停靠站	/	☆		☆	/	/
			营业车辆停车场	×	×		/	×	×
		小汽车	小汽车换乘停车场	×	×		×	×	×
		空间品质	交通信息交互设施	★	★		★	★	★
			街道家具及景观	★	★		★	★	★
	组团中心	行人	站点周边步行道	★	★		★	★	★
			站前广场	★	★		★	★	★
			行人过街设施	★	★		★	★	★
		非机动车	共享单车停靠点	★	★		☆	☆	☆
			非机动车停车场	☆	/		/	☆	☆
		公交	公交车停靠站	★	★		★	★	★
			公交场站	/	/		☆	/	/
		出租汽车、网约车	营业车辆停靠站	/	☆		☆	/	/
			营业车辆停车场	×	×		/	×	×
		小汽车	小汽车换乘停车场	×	×		×	×	×
		空间品质	交通信息交互设施	★	★		★	★	★
			街道家具及景观	★	★		★	★	★
	一般地区	行人	站点周边步行道	★	★		★	★	★
			站前广场	★	★		★	★	★
			行人过街设施	★	★		★	★	★
		非机动车	共享单车停靠点	★	★		☆	☆	☆
			非机动车停车场	☆	☆		/	☆	☆
		公交	公交车停靠站	★	★		★	★	★
			公交场站	☆	☆		☆	☆	☆
		出租汽车、网约车	营业车辆停靠站	☆	☆		☆	☆	☆
			营业车辆停车场	×	×		☆	×	/

续上表

接驳设施			内容	居住为主类(A)	商务办公类(B)	交通枢纽类(C)	商业为主类(D)	特色类(E)	功能混合类(F)
枢纽T	一般地区	小汽车	小汽车换乘停车场	×	/		/	/	/
		空间品质	交通信息交互设施	★	★		★	★	★
			街道家具及景观	☆	☆		☆	☆	☆
一般站N	城市中心	行人	站点周边步行道	★	★		★	★	★
			站前广场	★	★		★	★	★
			行人过街设施	★	★		★	★	★
		非机动车	共享单车停靠点	☆	☆		☆	☆	☆
			非机动车停车场	☆	/		/	☆	☆
		公交	公交车停靠站	★	★		★	★	★
			公交场站	×	×		/	×	×
		出租汽车、网约车	营业车辆停靠站	/	☆		☆	/	☆
			营业车辆停车场	×	×		/	×	×
		小汽车	小汽车换乘停车场	×	×		×	×	×
		空间品质	交通信息交互设施	★	★		★	★	★
			街道家具及景观	★	★		★	★	★
	组团中心	行人	站点周边步行道	★	★		★	★	★
			站前广场	★	★		★	★	★
			行人过街设施	★	★		★	★	★
		非机动车	共享单车停靠点	☆	☆		☆	☆	☆
			非机动车停车场	☆	/		/	☆	☆
		公交	公交车停靠站	★	★		★	★	★
			公交场站	/	/		/	×	/
		出租汽车、网约车	营业车辆停靠站	/	☆		☆	/	☆
			营业车辆停车场	×	/		/	×	×
		小汽车	小汽车换乘停车场	×	×		×	×	×
		空间品质	交通信息交互设施	★	★		★	★	★
			街道家具及景观	★	★		★	★	★
	一般地区	行人	站点周边步行道	★	★		★	★	★
			站前广场	★	★		★	★	★
			行人过街设施	★	★		★	★	★
		非机动车	共享单车停靠点	☆	☆		☆	☆	☆
			非机动车停车场	★	★		★	★	★
		公交	公交车停靠站	★	★		★	★	★
			公交场站	☆	☆		☆	☆	☆
		出租汽车、网约车	营业车辆停靠站	★	★		★	★	★
			营业车辆停车场	/	/		☆	/	/
		小汽车	小汽车换乘停车场	×	/		/	/	/
		空间品质	交通信息交互设施	★	★		★	★	★
			街道家具及景观	★	★		★	★	★

注：★表示一般应设置，☆表示可选择设置，/表示一般无须设置，×表示一般不应设置。各车站根据实际需要逐一确认，必要时可做个性化调整。

附录 2　相关规范清单
List of Relevant Standard

《铁路旅客车站设计规范（2022年局部修订版）》（TB 10100—2018）

《城市道路工程设计规范（2016年版）》（CJJ 37—2012）

《城市综合交通体系规划标准》（GB/T 51328—2018）

《中小学与幼儿园校园周边道路交通设施设置规范》（GA/T 1215—2014）

《城市轨道交通沿线地区规划设计导则》（住房和城乡建设部，2015年发布）

《城市步行和自行车交通系统规划标准》（GB/T 51439—2021）

《城市步行和自行车交通系统规划设计导则》（住房和城乡建设部，2013年发布）

《步行和自行车交通环境规划设计标准》（DB11/1761—2020）（北京市，2020年）

《北京街道更新治理城市设计导则》（北京市，2021年发布）

《城市道路空间规划设计规范》（DB11/1116—2014）（北京市，2014年）

《城市轨道交通工程设计规范》（DB11/995—2013）（北京市，2013年）

《公共汽电车站台规范》（DB11/T 650—2016）（北京市，2016年）

《北京市步行和自行车交通环境设计建设指导性图集》（北京市，2018年发布）

《北京市轨道交通车站便民服务设施规划设计指南》（北京市，2022年发布）

《昆明市城市设计导则（试行）》（昆明市，2018年发布）

《上海市街道设计导则》（上海市，2016年出版）

《深圳市人行天桥和连廊设计指引（试行）》（深圳市，2017年发布）

附录 3 轨道交通接驳调查问卷设计范例

Sample Design of Rail Transit Connection Questionnaire

亲爱的乘客您好：

为更好地改善公共交通服务，特开展地铁乘客专项调查，问卷填写需要 1~2 分钟，希望您能抽出宝贵的时间协助我们调查，感谢您的支持！

1. 您一周乘坐几次地铁？（　　）

A.0~1 次　　B.2~4 次　　C.5~9 次　　D.10 次及以上

2. 如果不乘坐地铁，您会选择哪种出行方式？（可排序多选）（　　）

A. 公交车　　B. 出租汽车　　C. 网约车　　D. 私家车

E. 共享单车　　F. 私人非机动车　　G. 电动非机动车（含摩托）

H. 步行　　I. 其他

3. 您此次乘坐地铁出行的目的是什么？（　　）

A. 工作　　B. 上学　　C. 就医　　D. 探亲访友

E. 购物　　F. 旅游　　G. 生活娱乐　　H. 商务出差

I. 其他

4. 您从＿＿＿＿＿轨道交通车站进站，进站闸机口为＿＿（字母编号）口，从出发地到达进站口花费了＿＿＿分钟。

5. 您采用以下哪种方式到达轨道交通车站？（单选）（　　）

A. 步行　　B. 共享单车　　C. 私人非机动车　　D. 电单车（含摩托）

E. 公交车　　F. 出租汽车　　G. 网约车　　H. 私家车

I. 其他

6. 请您对地铁进站口的周边环境进行打分。

1 分	2 分	3 分	4 分	5 分
环境脏乱、秩序差		—		环境整洁、秩序良好

7. 请您对地铁进站口的接驳服务进行打分。

1 分	2 分	3 分	4 分	5 分
等待时间过长、不可靠、非常拥挤		—		便捷顺畅、等待时间短、有座不拥挤

8. 请您对地铁进站口的出行体验进行打分。

1 分	2 分	3 分	4 分	5 分
非常糟糕、不安全		—		舒适、安全

9. 您从＿＿＿＿＿轨道交通车站出站，出站闸机口为＿＿（字母编号）口，从出站口到达目的地花费了＿＿＿分钟。

10. 您采用以下哪种方式离开轨道交通车站？（单选）（　　）

A. 步行　　B. 共享单车　　C. 私人非机动车　　D. 电单车（含摩托）

E. 公交车　　F. 出租汽车　　G. 网约车　　H. 私家车

I. 其他

11. 请您对地铁出站口周边环境进行打分。

1分	2分	3分	4分	5分
环境脏乱、秩序差		—		环境整洁、秩序良好

12. 请您对地铁出站口接驳服务进行打分。

1分	2分	3分	4分	5分
等待时间过长、不可靠、非常拥挤		—		便捷顺畅、等待时间短、有座不拥挤

13. 请您对地铁出站口出行体验进行打分。

1分	2分	3分	4分	5分
非常糟糕、不安全		—		舒适、安全

14. 您最想改善以下哪几项服务？（多选，最多可选 3 项）（　　）

A. 步行环境更好

B. 共享单车更充足

C. 非机动车停放更方便

D. 接驳公交等待时间更短

E. 打车（出租汽车 / 网约车）更方便

F. 小汽车停车更方便

G. 空间品质更好（如增设花园、座椅等）

H. 便民服务更好（如增设早餐车）

I. 无障碍体验更完善

J. 其他 ______________

15.（选答）您的年龄是（　　）。

A.16 岁以下　　B.17~28 岁　　C.29~50 岁　　D.50 岁以上

16.（选答）您的月收入是（　　）。

A.5000 元以下　　B.5000~10000 元　　C.10000~15000 元　　D.15000~20000 元

E.20000 元以上

17.（选答）您的家庭拥有的小汽车数量是（　　）。

A.0 辆　　B.1 辆　　C.2 辆　　D.2 辆以上